Die höheren Mysterien

Samael Aun Weor

Verlag Heliakon

Verlag Heliakon

Umschlaggestaltung: Verlag Heliakon
Titelbild: David Roberts

Übersetzung aus dem Spanischen
Originalltitel: Los Mysterios Mayores
Übersetzer: Osmar Henry Syring

Druck und Vertrieb: BoD - Books on Demand, Norderstedt

www.verlag-heliakon.de
info@verlag-heliakon.de

ISBN: 978-3- 943208-20-7

Die Deutsche Nationalbibliothek verzeichnet diese Publikation in der Deutschen Nationalbibliografie; detaillierte bibliografische Daten sind im Internet über www.dnb.de abrufbar.

Inhaltsverzeichnis

Eden 9
Das Labarum des Tempels 10
Die Schwäne des Paradieses 12
Der Sexualakt in Eden 14
Luzifer 16
Jehova, Luzifer, Christus 18
Der Baum des Lebens 22
Die Einweihung 24
Die Zeitalter des Bewusstseins 28
Astralreisen 30
Der Hügel von Chapultepec 32
Schlüssel, um das Bewusstsein im Schlaf zu erwecken 34
Die Geschäfte 36
Die 22 höheren Arkanen 38
Astralreisen 40
Die Jinas-Zustände 41
Schlüssel, um den Körper aus der Ferne zu rufen 44
Die Meditation 46
Die Finsteren 49
Die Finsteren schließen die Türen von Eden 51
Die beiden geschlossenen Türen 52
Initiationsvorbereitung 53
1 *53*
2 *57*
3 *59*
4 *62*
5 *63*
6 *64*
7 *69*
8 *70*
9 *71*
10 *72*
11 *73*
12 *75*
13 *75*

14 *77*
15 *78*
16 *79*
17 *80*
18 *81*
19 *83*
20 *84*
Die beiden Zeugen 86
GAIO 92
Das Problem der Sexualität 95
Die sieben Gemeinden 97
Personen, die Schaden verursachen 101
Die Angstmacher 102
Die Kirche des Heiligen Geistes 103
Die sieben Tempel 105
Die sieben Schlangen 106
Die Geburt Jesu 112
Die spirituelle Geburt 114
Ursprünge des menschlichen Ich 116
Der Hüter der Schwelle 119
Die erste große Geburt Jesu Christi 122
Die Tempelzeremonie 127
Die heilige Familie flieht nach Ägypten 129
Jesus in Ägypten 131
Die 33 Kammern des Tempels 135
Die dritte Schlange 138
Die vierte Schlange 142
Die fünfte Schlange 148
Die letzten Augenblicke Jesu in Ägypten 152
Im Heiligen Land 155
Die Taufe Jesu 157
Die drei Aspekte der Krone 162
Der Alte der Tage 163
Das erste göttliche Paar 164
Die sieben doppelten Säulen des Tempels 167
Die Hochzeit von Kanaan 172
Der Größte im Reich des Himmels 174
Das Elixier des ewigen Lebens 176

Der Fledermausgott 179
Das Abendmahl in Bethanien 181
Ehecatl, der Gott des Windes 184
Shambhala 186
Die gnostische Bewegung 188
Gnostische Tradition 190
Praktiken und nicht Theorien 191
Jinas-Zustände 193
Vorstellungskraft, Inspiration, Intuition 197
Inspiration *197*
Intuition *198*
Das Apostolat 199
Regeln der Versammlungen 201
Auswahl des Personals 203
Weltliches Karma 205
Weihung von Talismanen und Heiligtümern 209
Anrufung des Salomon *210*
Zeremonien der hohen Magie *211*
Beschwörung der Luft *212*
Beschwörung des Wassers *212*
Beschwörung der Erde *212*
Beschwörung des Feuers *213*
Geheimnis, um sich unsichtbar zu machen *213*
Pflanzenmagie *213*
Anrufungen *214*
Exorzismen *215*
Sexuelles Problem der Alleinstehenden 216
Esoterische Vokalisation für die Alleinstehenden *217*
Letzte Anweisung *218*

Eden

Eden ist die ätherische Welt. Eden ist die Sexualität an sich.

Die ätherische Welt ist der Wohnsitz der sexuellen Kräfte. Die ätherische Welt ist Eden. Wir haben Eden durch das Tor der Sexualität verlassen; nur durch dieses Tor können wir Eden betreten.

Eden können wir nicht durch falsche Tore betreten, wir müssen es durch das Tor, durch das wir es verlassen haben, wieder betreten.

Der Herrscher von Eden ist der Herr Jehova. Der Herr Jehova wohnt in Eden; der Herr Jehova wohnt in der ätherischen Welt, weil diese Welt Eden ist. Die ätherische Welt ist das Paradies.

Der Äther ist das fünfte Element der Natur. Die blaue Farbe, die wir in den fernen Bergen sehen, ist der Äther von Eden. In künftigen Zeiten wird die ätherische Welt sichtbar und greifbar in der Luft sein.

In künftigen Zeiten werden die elementaren Götter des Feuers und der Luft, des Wassers und der Erde sichtbar und spürbar für uns in der Luft sein. Alles stammt aus dem Äther, alles kehrt zum Äther zurück. Der Äther ist der Garten Eden.

Das Labarum des Tempels

Das Rohmaterial des großen Werkes ist der christliche Samen.

Der Samen ist das reine Wasser des Lebens, ist das Wasser all dessen, was existiert, ist das Wasser der Schöpfung. Eine Pflanze ohne Wasser vertrocknet und stirbt. Das Wasser der Pflanzen ist der pflanzliche Samen und dieser verwandelt sich in Blätter, Blüten und Früchte.

Die Kombinationen der unendlichen Substanz sind wundervoll. Das Meer ist der Samen des Planeten Erde. Alles kommt aus dem Meer, alles kehrt zum Meer zurück. Wir haben das Meer in unseren Sexualdrüsen. In unseren Samenwassern befindet sich das Mysterium des Lebens.

Die Kontinente kamen aus dem Meer und werden zum Meer zurückkehren. Wir stammen aus dem spermatischen Samen des ersten Augenblicks. Die Tiere aller Gattungen tragen das Geheimnis ihres Daseins in ihren Samenwassern. Die Menschen sehen nur die groben Partikel der physischen Materie, die die materielle Hülle des reinen Wassers des Lebens bilden.

Wir kennen in Eden die Wasser des Meeres des Lebens. In Eden sehen wir die Wasser der Schöpfung in Herrlichkeit erstrahlen. Aus diesem Rohmaterial des großen Werkes ist alles Erschaffene entsprungen. Die Kombinationen der unendlichen Substanz sind wundervoll. In den heiligen Räumen der Tempel fehlt nie ein heiliges Glas voll mit reinem Wasser des Lebens.

Das ist das Labarum des Tempels. Wer von diesem Wasser des ewigen Lebens trinkt, wird nie mehr Durst haben und die Flüsse aus reinem Wasser werden aus seinem Leib hervorsprudeln. Das sind die Wasser von Amrita.

Das ist die Mulaprakriti der Orientalen. Das ganze Universum wird sich in seinen Samen zurückziehen, wenn die große

Nacht hereinbricht. Das Universum entsprang aus dem Wasser und wird zum Wasser zurückkehren. Das reine Wasser des Lebens ist das Labarum des Tempels. Die Wasser der Schöpfung werden von den Strahlen des Mondes und den elementaren Göttern des Wassers regiert.

Die Schwäne des Paradieses

Der auf einer Lotosblume ruhende Schwan Kalahamsa schwebt auf den reinen Wassern des Lebens. Kalahamsa bedeutet „Ich bin Er, ich bin Er, ich bin Er". In anderen Worten könnten wir sagen: „Der Geist Gottes schwebt über der Oberfläche der Wasser."

Die Gottheit haucht über das Meer der Ewigkeit. Gott ist in uns selbst und in uns selbst können wir ihn finden. Ich bin Er, ich bin Er, ich bin Er. Gott ist Liebe. Die Liebe ist in jedem Tropfen des großen Ozeans enthalten und transzendent. Gott können wir nur in der Sexualität und in der Liebe finden.

Der Schwan repräsentiert die Liebe. Die Liebe wird nur durch Liebe gestärkt. Der Schwan wurde geboren, um zu lieben.

Wenn ein Partner stirbt, stirbt der andere aus Trauer.

In Eden sitzen die Schwäne mit den Engeln zu Tisch. Sie erzeugen in der makellose Weiße ihrer Körper unaussprechliche Köstlichkeiten, die die Götter aus ihren diamantenen Kelchen trinken. Die Kombinationen der unendlichen Substanz sind wundervoll. Der Samen, den wir in unseren Sexualdrüsen haben, ist die unendliche Substanz des großen Ozeans. Die zahlreichen Kombinationen dieser unendlichen Substanz verwandeln sich in Kontinente voller Pflanzen, Blumen und Früchte.

Die zahlreichen Kombinationen dieser unendlichen Substanz sind der Ursprung alles Erschaffenen: der Vögel und der Ungeheuer, der Menschen und der wilden Tiere. Alles stammt aus den Samenwassern der Schöpfung; in diesen Wassern atmet die Liebe. In der Nähe des Schlosses von Montsalvat zerbrach Parzival seinen Bogen voller Reue, nachdem er den Schwan getötet hatte.

Der Schwan von Leda erinnert uns an den Zauber der Liebe. Der Schwan der Liebe macht die Wasser des Lebens fruchtbar.

Das Feuer der Liebe lässt das Leben aus dem großen Ozean sprießen. Das Wasser ist der Lebensraum des Feuers. Das sexuelle Feuer schläft in den reinen Wassern des Lebens. Das Feuer und das Wasser vereint in einer Ekstase der Liebe waren der Ursprung allen Dingen im Universum. In unseren Samenwassern atmet das Feuer der Liebe. Das Feuer der Liebe macht die Wasser des Lebens fruchtbar. Der Schwan symbolisiert die Liebe; der Schwan ernährt sich nur von Liebe. Wenn einer der Partner stirbt, stirbt der andere vor Trauer.

Der Sexualakt in Eden

In Eden herrscht nur die Keuschheit. In Eden ist die Sexualität so rein wie das Licht der Elohim. Trotzdem gibt es auch in Eden den Sexualakt. Pflanzen und Blumen, Bäume und Götter, Vögel und Reptilien, Tiere und Menschen, alles entstammt der Sexualität. Ohne die Sexualität ist jede Schöpfung unmöglich.

Die Pflanzen haben, wie die Menschen, einen Körper, eine Seele und einen Geist. Die pflanzlichen Seelen sind die Elementargeister der Natur. Jede Pflanze, jeder Baum oder jedes Kraut hat seine persönliche Individualität. Jede Pflanze ist eine Individualität mit Körper, Seele und Geist.

Das sind die unschuldigen Engel von Eden. Das sind die Elementargeister von Eden. Diese Elementargeister sind in Pflanzenfamilien organisiert, die die Botaniker mit lateinischen Namen klassifizieren.

Die Pflanzenmagie lehrt uns, die Elementargeister der Pflanzen zu befehligen. Diese Pflanzenfamilien haben in Eden ihre Tempel und ihre Götter. Die Götter von Eden sind die Könige der Elementarwesen der Natur. Keine Pflanze könnte Früchte geben ohne die Liebe und ohne die Sexualität.

Die Elementargeister der Pflanzen wissen auch zu lieben. Das Ehebett dieser unaussprechlichen Wesen von Eden besteht aus den Wurzeln der Pflanzen und Bäume. Die Elementargeister der Pflanzen vereinen sich sexuell, aber sie wissen sich rechtzeitig zurückziehen, um den Samenerguss zu vermeiden. Wenn es eine sexuelle Verbindung gibt, gelangt der Samen immer in die Gebärmutter ohne die Notwendigkeit eines Samenergusses.

So wird das Weibchen befruchtet und die befruchtete innere Lebenskraft lässt die Frucht sprießen. Die Kombinationen der unendlichen Substanz sind wundervoll. Der Äther des Lebens dient also als Werkzeug für die Fortpflanzung der Pflanzen.

Der chemische Äther erlaubt die pflanzlichen Umwandlungen; die chemischen Elemente wandeln sich um, vereinen sich und trennen sich und die Pflanze füllt sich mit schmackhaften Früchten; so entsteht das Leben. Der Lichtäther färbt die Pflanzen, Früchte und alle Dinge mit unaussprechlichen Farben; alles strahlt im Licht der Sonne. Der reflektierende Äther ist also ein unaussprechlicher Spiegel, in dem die Natur sich neu erschafft. So entsteht das Leben aus dem Inneren von Eden. In Eden sind die Berge blau wie der Himmel und durchsichtig wie Glas. Als der Mensch sich fortpflanzte wie die Pflanzen, lebte er in Eden. Damals führten die Flüsse aus reinem Wasser des Lebens Milch und Honig.

Der Mensch sprach das große universelle Wort des Lebens, und Feuer, Luft, Wasser und Erde gehorchten ihm. Die gesamte Natur kniete vor dem Menschen nieder und diente ihm, weil der Mensch seinen Samenlikör nicht ejakulierte. Der Mann vereinte sich sexuell mit seiner Frau und zog sich vor dem Orgasmus zurück, um den Samenerguss zu vermeiden.

Während des Sexualaktes benutzten die lunaren Hierarchien nur ein Spermatozoid für die Fortpflanzung der Gattung; ein Spermatozoid entflieht leicht unseren Sexualdrüsen ohne die Notwendigkeit, den Samen zu vergießen. So wird die Frau befruchtet und das Leben entsteht. Das ist die unbefleckte Empfängnis.

In Eden wohnt eine unaussprechliche Jungfrau, die mit dem Sternbild der Jungfrau in Verbindung steht; dieses Wesen arbeitet mit den Strahlen des Mondes und ist die unbefleckte Empfängnis, ein ursprünglicher Elohim des Paradieses.

Jene, die nach Eden zurückkehren, lernen diesen reinen Elohim, der über die unbefleckten Empfängnisse herrscht, kennen. Gesegnet sei die Liebe. Gott strahlt über das perfekte Paar.

Luzifer

Wenn eure Lampe immer mit Öl gefüllt ist, wird der Tempel immer voll Licht sein. Wenn ihr das Öl eurer Lampe vergießt, wird das Feuer erlöschen, und ihr werdet in der tiefen äußeren Finsternis versinken, wo man nur Weinen und Zähneknirschen hört.

Der Samen ist der Wohnsitz des Feuers. Wenn ihr den Samen vergießt, werdet ihr das Feuer verlieren und ihr werdet in der tiefen Finsternis versinken.

Der Samen ist das Öl eurer Lampe; wenn ihr den Samen vergießt, wird eure Lampe erlöschen und ihr werdet in der Finsternis der Luzifer versinken. In anderen Worten sprach der Herr Jehova: „Von allen Bäumen des Gartens könnt ihr essen, außer vom Baum der Erkenntnis, denn an dem Tag, an dem ihr von ihm esst, werdet ihr sterben."

Die Elementargeister in Eden vergießen ihren Samen nicht. Wenn wir den Samen vergießen, hat die Lampe keinen Brennstoff mehr, dann erlischt die Flamme und wir treten in die Finsternis Luzifers. Der Samen ist der Brennstoff der Lampe. Keine Lampe kann ohne Brennstoff brennen. Wo es kein Feuer gibt, gibt es kein Licht und es herrscht Finsternis.

Unglücklich ist der Bewohner Edens, der es wagt, seinen Samen zu vergießen, seine Lampe wird ausgehen, weil der Brennstoff fehlt, und er wird in der Finsternis der Luzifer versinken. Der Baum der Erkenntnis des Guten und des Bösen ist die Sexualität. Als der Mensch von den verbotenen Früchten aß, wurde er aus Eden vertrieben. Adam waren alle Männer von Eden. Eva waren alle Frauen von Eden.

In anderen Worten, als Adam und Eva das Öl ihrer Lampen vergossen, erloschen diese, weil das Öl fehlte, und sie blieben in tiefer Finsternis. Das war die Vertreibung aus Eden.

Das Feuer des Heiligen Geistes ist die feurige Schlange unserer magischen Kräfte.

Das Feuer des Heiligen Geistes ist Kundalini, die Quelle allen Lebens.

Das Feuer ist im Samen eingeschlossen.

Wenn wir den Samen vergießen, wird das Feuer ausgehen und wir werden in das Reich der Finsternis eintreten. Als der Mensch den Samen vergoss, trat er in das Reich der Luzifer. Luzifer ist ein schrecklich böser Dämon. Die Luzifer sind seine Legionen, die ihm gehorchen und folgen.

Die sexuelle Leidenschaft hat ihren Sitz in den Luzifer. Als der Mensch sich von den Luzifer verführen ließ, vergoss er das Öl seiner Lampe und blieb in Finsternis. Dann verließ er Eden durch das Tor der Sexualität und trat durch das Tor der Sexualität in das Reich der Luzifer.

Wenn der Mensch nach Eden zurückkehren will, ist alles, was er tun muss, seine Lampe mit Öl zu füllen und sie anzuzünden; dann verlässt er das Reich der Luzifer und betritt Eden, er verlässt die Finsternis und tritt in das Licht ein.

Jehova, Luzifer, Christus

Es gibt einen luziferischen Menschen und es gibt einen paradiesischen Menschen. Der luziferische Mensch vergießt seinen Samen; der paradiesische Mensch vergießt seinen Samen nie. Die Menschheit ist luziferisch. Die alte Menschheit der polaren, hyperboreischen und lemurischen Rassen bestand aus paradiesischen Menschen. Der paradiesische Zustand ist ein Zustand des Bewusstseins; der luziferische Zustand ist ein anderer Zustand des Bewusstseins.

Ein Mensch aus Eden kann einen Körper aus Fleisch und Blut haben, wie jeder Mensch; ein luziferischer Mensch hat einen Körper aus Fleisch und Blut, wie jeder Mensch.

Der paradiesische Zustand und der luziferische Zustand sind Bewusstseinszustände. Eden ist die ätherische Ebene. Als der Mensch Eden verließ, versank sein Bewusstsein in bestimmten atomaren Schichten oder luziferischen Regionen, die menschliche Seele versank in den eigenen atomaren Höllen und verlor ihre Kräfte. Das war die Vertreibung aus Eden.

So starb der paradiesische Mensch und der luziferische Mensch wurde geboren.

Deshalb sagte der Herr Jehova: „Von allen Bäumen des Gartens könnt ihr essen, außer vom Baum der Erkenntnis, denn an dem Tag, an dem ihr davon esst, werdet ihr sterben."

In den riesigen Tempelhöfen des antiken Lemuren vereinten sich Männer und Frauen sexuell, um zu erschaffen. Der Sexualakt wurde von den Elohim geleitet. Der Mann und die Frau zogen sich vor dem Orgasmus zurück, um die Samenejakulation zu vermeiden.

Die Elohim benutzten nur ein Spermatozoid und eine weibliche Eizelle, um zu erschaffen. Ein Spermatozoid ist so unendlich klein, so mikroskopisch klein, dass es leicht unseren

Sexualdrüsen entfliehen kann, ohne die Notwendigkeit des Samenergusses. So vermehrt sich der paradiesische Mensch, so werden die Söhne der unbefleckten Empfängnis geboren.

Das ist die unbefleckte Empfängnis. Luzifer versuchte den Menschen, und der Mensch erlag der Versuchung. Luzifer ist ein schwarzer Magier mit einer blutfarbenen Tunika. Luzifer bedeckt seinen Kopf mit einer roten Kappe, wie die Böns und Dugpas in Tibet. Die lüsternen Kräfte der Luzifer erweckten im Menschen die tierische Leidenschaft; da begannen die Männer und Frauen, ihren Samen zu ejakulieren.

Die Stämme in Lemurien wurden aus diesem Grund aus den Tempeln vertrieben.

Kundalini, die sich vorher siegreich im Rückenmarkkanal erhoben hatte, sank also bis zum Steißbeinknochen herab und blieb im Chakra Muladhara eingeschlossen. Die Lampe des Tempels erlosch und der Mensch versank in tiefer Finsternis. So starb der paradiesische Mensch und der luziferische Mensch wurde geboren. Als der Mensch die verbotene Frucht aß, sagte der Herr Jehova: „Seht, der Mensch ist geworden wie wir; er erkennt Gut und Böse."

Wenn der Mensch die Frucht des Baums der Erkenntnis nicht gegessen hätte, hätte er sich bis in den Zustand eines Engel erhoben, aber in vollkommener Unschuld. In Eden waren wir in Bezug auf den Herrn Jehova das, was die Finger der Hand in Bezug auf das Gehirn sind. Luzifer gab uns die Unabhängigkeit. Die verbotene Frucht gab uns Bewusstsein über die Wissenschaft des Guten und des Bösen. Diese Wissenschaft ist sehr tiefgründig.

Es gibt das Gute des Bösen und es gibt das Böse des Guten; in allem Guten gibt es etwas Böses und in allem Bösen gibt es etwas Gutes. Im Weihrauch des Gebetes versteckt sich auch das Vergehen; im Duft des Gebetes versteckt sich auch das Vergehen.

Es gibt viele Tugenden in den Bösen; es gibt viel Bosheit in den Tugendhaften. Derjenige, der das Gute vom Bösen unterscheidet und das Böse vom Guten, erhält das schreckliche

Schwert der kosmischen Gerechtigkeit. Die Engel kennen die Wissenschaft des Guten und des Bösen. Die Engel sind vollkommene Menschen. Auch die Engel verließen Eden und kehrten nach Eden zurück, deshalb sind sie Engel. Die Engel waren Menschen wie wir. Wir verließen Eden, aber wir lernten Gut und Böse kennen und erlangten die Unabhängigkeit. Jehova, der Regent von Eden, sagte: „Von allen Bäumen des Gartens könnt ihr essen, außer vom Baum der Erkenntnis, denn an dem Tag, an dem ihr davon esst, werdet ihr sterben.“

“Luzifer sprach zu der Frau: „Ihr werdet nicht sterben; aber Gott weiß, dass an dem Tag, an dem ihr davon esst, eure Augen geöffnet werden und ihr wie Gott sein werdet und das Gute vom Bösen unterscheiden könnt.“

Und als der Mensch die verbotene Frucht aß, rief Jehova: „Hier ist der Mensch, er ist wie einer von uns, der das Gute und das Böse kennt.“

So erhielten wir Weisheit und erreichten die Unabhängigkeit; so wurden wir über das Gute und das Böse bewusst. Jetzt müssen wir nach Eden zurückkehren, um wie Götter zu sein und die Wissenschaft des Guten und des Bösen zu kennen. Jetzt müssen wir nach Eden zurückkehren, um Götter zu sein.

Jetzt müssen wir durch dieselbe Tür, durch die wir hinausgingen, wieder nach Eden zurückkehren; wir verließen Eden durch die Tür der Sexualität und nur durch diese Tür werden wir wieder nach Eden zurückkehren können. Eden ist die Sexualität selbst. Wenn wir Eden betreten wollen, müssen wir zu dem alten sexuellen System Edens zurückkehren, müssen wir durch die Tür die Sexualität eintreten, denn durch diese Tür gingen wir hinaus; es gibt keine andere Tür, um in Eden einzutreten, es gibt keine andere Tür, um Eden zu verlassen. Dort, wo wir hinausgegangen sind, müssen wir wieder eintreten, das ist das Gesetz.

Der Mensch versank in den atomaren Höllen der Natur, als er Eden verließ. Wenn es Christus nicht gegeben hätte, wäre es für uns sehr schwierig gewesen, aus dem Abgrund zu entkommen.

Glücklicherweise wurde uns ein Erretter gesandt, dieser Erretter ist der Christus.

Jetzt müssen wir den Christus in uns inkarnieren, um zum Vater zurückzukehren. Niemand erreicht den Vater außer durch den Sohn.

Nur mit dem Blut der Erlösung können wir unsere Kleider reinigen und uns mit den weißen Gewändern kleiden, um Eden zu betreten, genau durch dieselbe Türe, durch die wir hinausgegangen sind. Dem höchsten Ungehorsam Adams stellte sich der höchste Gehorsam Christus entgegen.

Jehova gab uns seine Gebote, Luzifer gab uns die individuelle Unabhängigkeit und der Christus hat uns von den Sünden erlöst. So erheben sich die Götter aus dem Schlamm der Erde.

Der Baum des Lebens

So erfüllte sich das Gebot des Herrn Jehova: „Und er verbannte den Menschen aus dem Paradies und stellte in den östlichen Teil des Garten Edens Cherubim und ein brennendes Schwert, um den Weg zum Baum des Lebens zu bewachen.“

Die beiden Bäume Edens sind der Baum der Erkenntnis und der Baum des Lebens. Diese zwei Bäume des Gartens teilen ihre Wurzeln. In unserem physischen Körper repräsentiert die Wirbelsäule den Baum des Lebens. Der Baum der Erkenntnis wird von den Sexualorganen repräsentiert. Beide Bäume Edens teilen ihre Wurzeln.

Gott stellte Cherubim und ein brennendes Schwert auf, um den Weg zum Baum des Lebens zu bewachen. Wenn der Mensch die schmackhaften Früchte des Lebensbaums hätte essen können, dann hätten wir heute unzüchtige Götter. Das wäre das größte Übel aller Übel gewesen, das größte Sakrileg, das Unmögliche.

Das flammende Schwert der kosmischen Gerechtigkeit schlägt brennend, drohend und schrecklich um sich, um den Weg zum Baum des Lebens zu bewachen. Der Baum des Lebens ist das Sein.

Wir müssen verstehen, dass der Innerste unser Geist, unser Sein, der Baum des Lebens, ist. Der Innerste ist der geliebte Sohn des inneren Christus. Der innere Christus ist der Strahl, aus dem der Innerste selbst hervorging. Der innere Christus ist eins mit dem Vater.

Vater, Sohn und Heiliger Geist sind eine vollkommene Dreieinigkeit. Aus dieser Dreieinigkeit wird der Innerste geboren. Der Innerste ist in sechs untere Vehikel eingehüllt, die sich durchdringen, ohne sich zu vermischen, und sie bilden den Menschen. Alle Fähigkeiten und Kräfte des Innersten sind die Früchte des Lebensbaumes. Wenn der Mensch nach Eden zurückkehrt, wird er von den Früchten des Lebensbaumes essen können; dann wird er Gott von Angesicht zu Angesicht sehen können, ohne zu sterben; der Blitz wird ihm als Zepter dienen und die Unwetter als Teppich für seine Füße. Es gibt zehn Wellen des Lebens, die sich durchdringen, ohne sich zu vermischen; diese zehn ewigen Ausstrahlungen sind die zehn Sephirothen der Kabbala, die zehn Zweige des Lebensbaums. Jetzt verstehen wir, warum Gott unseren Händen zehn Finger gab.

Die zwölf Sinne des Menschen stehen mit unserer Wirbelsäule in Verbindung; die Wirbelsäule ist die physische Darstellung des Lebensbaumes. Die zwölf Sinne sind die zwölf Früchte des Lebensbaumes.

Die Einweihung

Als der Menschen Eden verließ, fiel er in den Abgrund. Aus diesem Abgrund würden wir nicht entfliehen können ohne die Hilfe eines Erretters.

Zwischen Eden und dem Abgrund befinden sich die Wächter des Lichtes und der Finsternis. Die Wächter Edens bewachen den Weg zum Baum des Lebens; die Wächter des Abgrundes sind die teuflischen Verführer. Als wir Eden verließen, betraten wir die finsteren Abgründe der Natur; aus diesen Abgründen können wir nur durch die kosmische Einweihung entkommen.

Jede Einweihung ist eine spirituelle Geburt. Wer geboren werden will, muss sich in den Leib einer Frau begeben, um ausgetragen zu werden; so hat das Recht geboren zu werden, wer geboren werden will.

Die Einweihung ist vollkommen sexuell. Wenn wir geboren werden wollen, müssen wir Sexualmagie mit der Frau praktizieren. Der Schlüssel der Sexualmagie ist Folgender: „Das männliche Glied in die Scheide der Frau einzuführen und es zurückzuziehen, ohne den Samen zu vergießen.“

Das ist der Sexualakt, den die Geschöpfe, die in Eden leben, ausüben. Wenn wir uns im Leib der Mutter befinden, entwickeln wir Organe, Sinne, innere Organe, Drüsen, usw.; wenn wir die Sexualmagie praktizieren, befinden wir uns im Prozess der sexuellen spirituellen Schwangerschaft und entwickeln die Blumen der Seele. So erwecken wir das Feuer des Heiligen Geistes und verwandeln uns in Meister. Im Bauch der großen Mutter, entwickeln wir uns zu Göttern; so erwecken wir Kundalini und verwandeln uns in Götter.

Als der Mensch den Samen ejakulierte, versank er im Elend und verlor seine geheimen Kräfte. Als er den Samen vergoss, versank das menschliche Bewusstsein in den atomaren Höllen der Natur, im Reich der Luzifer.

Die ganze Menschheit befindet sich im Abgrund. Dass man sich im Abgrund befindet, bemerkt man nur, wenn man dabei ist, ihn zu verlassen. Aus dem Abgrund können wir nur durch die Einweihung entkommen.

Es gibt 18 Einweihungen, 18 kosmische Geburten: 9 Einweihungen in die kleinen Mysterien und 9 Einweihungen in die höheren Mysterien.

Die Einweihung ist dein eigenes Leben; die Einweihung gehört dem Bewusstsein und der Sexualität an. Unser Bewusstsein ist ein vom großen kosmischen Bewusstsein losgelöster Funke.

Wir hatten ein mineralisches, ein pflanzliches und ein tierisches Bewusstsein; jetzt haben wir ein menschliches Bewusstsein.

Später werden wir das Bewusstsein eines Engels, Erzengels, Seraphs, usw. haben. Zu sagen, "das ist gut" oder „das ist schlecht", ist eine einfache Sache; sich dessen bewusst zu sein, was gut und was schlecht ist, ist sehr schwer. Zu sagen „zwei mal zwei ist vier" ist sehr leicht; sich bewusst zu sein, dass zwei mal zwei vier ist, ist eine Sache der Götter.

Der Trinker weiß, dass Alkohol trinken schlecht ist, aber der Trinker hat kein Bewusstsein, dass Alkohol trinken schlecht ist. Wenn der Trinker das bewusste Bewusstsein hätte, dass Alkohol trinken schlecht ist, würde er sich lieber einen Mühlstein um den Hals hängen und sich ins Meer stürzen, als mit dem Laster des Alkohols weiterzumachen.

Unser Bewusstsein erwacht in höheren Zuständen des Seins und des Lebens. Das Wissen, das nie zu Bewusstsein wird, dient zu nichts. Millionen von spirituellen Studenten studieren unsere Werke, aber das intellektuelle Wissen der geschriebenen Wahrheiten dient zu nichts, wichtig ist es, sich dieser Wahrheiten bewusst zu sein.

Millionen von spirituellen Studenten glauben, das Bewusstsein der Wahrheiten, die sie gelesen haben, zu besitzen; arme Geschöpfe, sie irren sich. Nur die großen Meister der höheren Mysterien besitzen das Bewusstsein dieser Wahrheiten.

Die Schüler der spirituellen Schulen sind Papageien, die das wiederholen, was sie lesen, das ist alles. Das Wichtigste ist also, das Bewusstsein zu erwecken. Der Intellekt ist eine Funktion der tierischen Seele; das Bewusstsein ist eine Funktion Gottes.

Es gibt einen Berg, dessen Grund der Abgrund ist. Wer aus dem Abgrund entkommen will, muss den Berg erklimmen. Es gibt zwei Wege, um zum Gipfel zu gelangen: der erste Weg führt serpentinenartig um den Berg, und so gelangt man zum Gipfel; der zweite Weg ist der Enge, Schmale und Schwierige, der in einer geraden Linie bis zum Gipfel führt. Auf dem engen Weg steigen nur die Eingeweihten hinauf. Der spiralförmige Weg ist sehr lang; der enge und schwierige Weg ist kürzer. Dieser Letztere ist der Weg der Einweihung.

Früher gab es große Mysterienschulen in Ägypten, Eleusis, Troja, Rom, Karthago, Schulen der Azteken, Druiden, usw. Damals konnten nur die Priester der privilegierten Kasten den Einweihungsweg betreten, aber unser Herr der Christus öffnete den Pfad der Einweihung für alle menschlichen Wesen.

Das ganze Drama der Passion des Herrn wurde in den Tempeln der Mysterien dargestellt. Die Großartigkeit Christi war, dieses Drama öffentlich auf den alten Straßen Jerusalems dargestellt zu haben. So öffnete er die Tore des Tempels für alle menschlichen Wesen. „Bittet und euch wird gegeben." „Klopft und euch wird aufgetan."

„Eng ist das Tor und schmal der Weg, der zum Licht führt, und es sind nur Wenige, die ihn finden."

„Von Tausenden, die mich suchen, findet mich einer; von Tausenden, die mich finden, folgt mir einer; von Tausenden, die mir folgen, ist einer mein."

Als das schwarze Zeitalter anbrach, wurden die Mysterienschulen in der physischen Welt geschlossen. Jetzt müssen wir diese Schulen innerlich, ganz innen in unserem eigenen Bewusstsein suchen. Nur diejenigen, die die neun Stufen der kleinen Mysterien erklommen haben, können in die höheren Mysterien eintreten.

Die Menschen erinnern sich an den Sohn Gottes, aber sie erinnern sich nicht an den Menschensohn. Der göttliche Meister ist Gott und Mensch. Der göttliche Meister öffnete den Weg der Einweihung für alle menschlichen Wesen. Er musste den Weg durchlaufen, um allen den Weg zu öffnen. Er war der vollkommene Mensch, er war Gott. Der Weg der Vollkommenheit ist ein Schrecken aus Liebe und Gesetz.

Die Zeitalter des Bewusstseins

In den inneren Welten existiert die chronologische Zeit nicht; in den inneren Welten ist das Leben ein ewiger Augenblick. Wenn wir „Zeit“ sagen, wollen wir die Bewusstseinszustände festlegen. In der Kabbala werden die Zahlen zusammengezählt, um eine kabbalistische Zahl zu erhalten. Wenn wir zum Beispiel wissen wollen, welche die kabbalistische Zahl des Jahres 1956 ist, zerlegen wir sie in die Zahlen 1, 9, 5 und 6, addiert ergeben sie 21 und 2 + 1 = 3; 3 ist die kabbalistische Zahl dieses Jahres.

Wenn wir sagen, dass ein Meister 300 Jahre alt ist, zerlegen wir diese Zahl in 3, 0, 0 und die Summe ist ebenfalls 3. Das zeigt uns, dass der Meister die dritte Einweihung der höheren Mysterien hat. Wenn wir sagen, dass der Meister 340 Jahre alt ist, wollen wir bestätigen, dass der Meister die dritte Einweihung der höheren Mysterien hat, plus 40 Jahre oder Grade der vierten Einweihung der höheren Mysterien.

Wenn wir behaupten, dass ein Schüler 80 Jahre alt ist, erhalten wir, wenn wir sie zerlegen 8 + 0, das bedeutet, dass der Schüler die achte Einweihung der kleinen Mysterien hat. Von 10 bis 90 sind die Alter der kleinen Mysterien. Von 100 bis 900 sind die Alter der höheren Mysterien. Ab 1000 sind die Alter der Götter. Um in die unaussprechliche Freude des Absolute einzutreten, sind 300.000 göttliche Jahre erforderlich.

Wenn ein Meister zum Beispiel 500 Jahre alt ist und 600 Jahre alt werden will, dann muss er noch einmal in den Leib einer Frau begeben, um das Recht zu bekommen, geboren zu werden, und so wird er mit 600 Jahren geboren; das bedeutet, dass er die Sexualmagie praktizieren muss, um sich zu einem 600jährigen Meister zu entwickeln.

Die sexuelle Kraft hat die Macht, Organe, Drüsen, innere Organe, Nerven, usw. zu bilden; die sexuelle Kraft hat die Macht, die Kräfte der Hellsichtigkeit, der Hellhörigkeit, der Telepathie, usw. zu entwickeln; die sexuelle Kraft hat die Macht, in uns alle Lotosblumen der Seele zu entwickeln. Nur indem wir uns in den Mutterleib begeben, haben wir das Recht, geboren zu werden.

Wir, die Bewohner Edens versichern, dass man nur mit der Sexualmagie das Recht hat, geboren zu werden. Alles, was nicht diesem Weg angehört, bedeutet leider Zeit zu verlieren. Wir verließen Eden durch die Tore der Sexualität, und nur durch die Tore der Sexualität können wir Eden wieder betreten. Eden ist die Sexualität an sich.

Die Alter des Bewusstseins haben ihre Wurzeln in der Sexualität.

Astralreisen

Der Mensch ist ein Trio aus Körper, Seele und Geist. Die Seele ist der Vermittler zwischen Geist und Körper. Eine Seele hat man, ein Geist ist man.

Der Innerste ist das Höchste in uns; der Innerste ist der Geist. Das Testament der Weisheit sagt: „Bevor die falsche Morgenröte auf diese Erde kam, priesen die Überlebenden des Unwetters und Sturms den Innersten, und ihnen erschienen die Vorboten der Morgenröte.“

Zwischen dem Erdenmenschen und dem Innersten befindet sich die Seele. Die Seele hat einen sehr feinen und materiellen Körper, mit dem sie durch den Raum reist. Der Körper der Seele ist der Astralkörper; so hat also der Astralkörper etwas Menschliches und etwas Göttliches.

Der Astralkörper hat seine Ultraphysiologie und seine Ultrapathologie, die eng mit dem großen sympathischen Nervensystem und mit unseren inneren Sekretionsdrüsen in Verbindung stehen. Der Astralkörper ist mit wundervollen Sinnen ausgestattet, mit denen wir die großen Mysterien des Lebens und des Todes erforschen können.

Im Astralkörper befinden sich der Verstand, der Wille und das Bewusstsein. Unsere Schüler sollen lernen, mit dem Astralkörper zu reisen. Was wir in diesem Kapitel lehren, ist eine gewaltige Realität. Leider ignorieren die Brüder aller spirituellen Schulen den Gebrauch und die Handhabung des Astralkörpers vollkommen.

Es schmerzt uns zu sehen, dass die Brüder der verschiedenen Organisationen über den Gebrauch und die Handhabung des Astralkörpers überhaupt nichts wissen.

Die Brüder der verschiedenen spirituellen Schulen erleben die Astralebene mit schlafendem Bewusstsein. Wenn ein Bruder den Weg betritt, greifen die Finsteren des lunaren Weges ihn gewöhnlich während des Schlafes an. Die Brüder der Schatten nehmen die Gestalt des Gurus an, um den Schüler in die Irre zu führen. Jetzt müssen wir verstehen, dass es ein Verbrechen ist, den Schülern den praktischen Gebrauch und die Handhabung des Astralkörpers nicht zu lehren. Es ist wichtig, dass die Schüler ihr Bewusstsein während des Schlafes erwecken, damit sie sich gegen die Angriffe der Finsteren wehren können.

Sich den Vorgang des Schlafes bewusst zu machen, ist nicht gefährlich; wir müssen uns alle unsere natürlichen Funktionen bewusst machen.

Der Hügel von Chapultepec

In diesem Kapitel betrachten wir einen Ausschnitt aus einem mexikanischen Kodex über den Hügel von Chapultepec. Auf dem Hügel sehen wir eine Grille oder einen Grashüpfer. Im edlen Rom der Cäsaren wurde die Grille in vergoldeten Käfigen zu hohen Preisen verkauft. Auf dem Hügel von Chapultepec gibt es einen Aztekentempel im Jinas-Zustand. Jetzt können wir verstehen, warum dieser Hügel von den Azteken als heilig angesehen wurde. Die Indianer Mexikos machten lange mystische Pilgerfahrten nach Chapultepec.

Wenn wir den Ausschnitt des mexikanischen Kodex sorgfältig betrachten, sehen wir zwei menschliche Wesen, die über dem Hügel schweben; diese zwei Wesen befinden sich im Astralkörper. Einer davon spricht einen Ton aus, der seinen Lippen entspringt wie zwei Lichtwellen. Diese Note ist das hohe und helle Zirpen der Grille, dieses Geräusch ist die Schlüsselnote des Logos. Der Logos klingt.

Die gesamte Natur ist die Inkarnation des Wortes und das Wort ist die Schlüsselnote der Grille. Diese Note ist ein Chor; in diesem unaussprechlichen Chor befindet sich unsere Schlüsselnote. Wenn ein Musiker diese Note mit einem Instrument spielen würde, würden wir sofort tot umfallen. Es gibt nichts in der Natur, was nicht seine Schlüsselnote hat. Wer sich mit freiem Willen in den Astralkörper begeben will, muss einschlafen, indem er mental die Silbe La spricht und mit der Silbe Ra abwechselt.

Sprecht diese zwei Silben mental abwechselnd und getrennt aus. Der Schüler möge versuchen, den hohen Klang der Grille zu hören; dieser Klang kommt aus den Gehirnzellen. Man braucht einen ruhigen Verstand, ausreichende Müdigkeit und große Aufmerksamkeit bei dem, was man macht. Wenn die Übung richtig ausgeführt wurde, wird der Schüler sobald er in jenen Übergangszustand, der zwischen dem Wachsein und dem Schlaf existiert, eintritt, in seinem Gehirn den hohen Klang der Grille wahrnehmen. Der Schüler soll dann ein bisschen mehr einschlafen und den Nachhall dieses Klanges durch die Willenskraft verstärken. Dann soll er sich von seinem Bett erheben und aus seinem Zimmer gehen in Richtung des Tempels von Chapultepec, zur gnostischen Kirche, oder wohin er möchte. Wenn wir sagen, dass er sich von seinem Bett erheben soll, muss das in Tatsachen umgesetzt werden; der Schüler muss sich von seinem Bett erheben. Das ist keine mentale Übung, es geht nicht darum, sich mental zu erheben, der Schüler soll sich tatsächlich erheben.

Die Natur wird schon dafür sorgen, den physischen und den astralen Körper zu trennen, damit der Astrale frei wird, und der Physische im Bett bleibt. Was der Schüler machen muss, ist, sich von seinem Bett erheben, das ist alles. Mit diesem Schlüssel werden unsere gnostischen Schüler sich im Astralkörper zu den Tempeln der Mysterien der Weißen Loge begeben können.

Es wäre sehr vorteilhaft, wenn die Schüler dieses Tierchen (die Grille) in ihrem Zimmer hätten; so würden sie sich besser konzentrieren. Wenn wir uns auf diesen Klang konzentrieren, wird er bald in unserem Gehirn erklingen.

Man kann diese Tierchen in kleinen Käfigen halten. Mit diesem Schlüssel können wir zu den großen Tempeln der Weißen Loge gelangen. Wer die okkulte Wissenschaft kennenlernen will, muss mit dem Astralkörper reisen. Die okkulte Wissenschaft wird in den inneren Welten studiert. Nur wenn man persönlich mit den Meistern spricht, kann man die okkulte Wissenschaft kennenlernen.

Die intellektuellen Theorien der physischen Welt dienen nur dazu, dem Verstand und dem Gehirn zu schaden. Der Leiter des Tempels von Chapultepec ist der Meister Rasmussen. Zwei Wächter mit flammenden Schwertern bewachen den Eingang zum Tempel; in diesem Tempel studiert man die antike Weisheit, in diesem Tempel versammeln sich die großen Meister der Weißen Loge.

Schlüssel, um das Bewusstsein im Schlaf zu erwecken

Es ist nicht gefährlich, mit dem Astralkörper zu reisen, denn alle Menschen reisen während des Schlafes mit dem Astralkörper. Wer das Bewusstsein während des Schlafes erwecken will, muss den Schlüssel des „Urteilsvermögens“ kennen.

Während des Schlafes reist die ganze Menschheit in den inneren Welten mit schlafendem Bewusstsein. Die im Astralkörper eingehüllte Seele verlässt den physischen Körper während des Schlafes. So kann der ätherische Körper den dichten Körper reparieren.

Wenn die Seele in den Körper eintritt, dann erwachen wir aus dem natürlichen Schlaf. In den inneren Welten sorgen sich die Seelen um dieselben alltäglichen Geschäfte; dann kaufen und verkaufen sie, wie in der physischen Welt. Die Seelen der Lebenden und der Toten existieren während des Schlafes nebeneinander. In den inneren Welten sehen wir alles so, wie in der physischen Welt: dieselbe Sonne, dieselben Wolken, dieselben Häuser der Stadt, alles ist gleich. Jetzt werden unsere gnostischen Schüler verstehen, warum die Toten nicht akzeptieren, dass sie tot sind. Jetzt werden unsere Schüler verstehen, warum die Seelen der Lebenden während des Schlafes kaufen und verkaufen, arbeiten, usw. Wenn wir mit dem Astralkörper reisen, lernen wir die Mysterien des Lebens und des Todes kennen. Jeder Mensch reist während des Schlafes mit dem Astralkörper. Wir können die großen Mysterien des Lebens und des Todes kennenlernen, wenn wir das Bewusstsein während des Schafes erwecken. Um das Bewusstsein während des Schlafes zu erwecken, gibt es einen Schlüssel: den des Urteilsvermögens.

Schauen wir: wenn ihr durch eine Straße geht und einen Freund trefft, oder einen Gegenstand seht, der eure Aufmerksamkeit auf sich zieht, macht einen Sprung mit der Absicht, zu schweben; es ist logisch, wenn ihr schwebt, ist es so, weil ihr euch außerhalb des physischen Körpers befindet; wenn ihr jedoch nicht schwebt, ist es so, weil ihr euch im physischen Körper befindet.

Es geschieht, dass wir in den inneren Welten während des Schlafes genauso handeln, wie im Körper aus Fleisch und Blut, und wenn man bedenkt, dass wir dort alles genauso sehen, wie hier in der physischen Welt, dann werden wir verstehen, dass wir, nur wenn wir das Bewusstsein erwecken, feststellen, dass wir uns im Astralkörper befinden.

Diese Übung wird jeden Augenblick im Wachzustand, und immer wenn etwas Merkwürdiges vorkommt, praktiziert. Was man im Wachzustand tut, wiederholt sich während des Traumes. Wenn wir diese Übung während des Schlafes machen, wird das Ergebnis sein, dass wir, wenn wir springen, im Astralkörper schweben; dann wird unser Bewusstsein erwachen, und wir werden voller Freude sagen: Ich bin im Astralkörper.

So werden wir uns zur heiligen gnostischen Kirche begeben können, um persönlich mit den Engeln, Erzengeln, Seraphim, Propheten, Meistern, usw. zu sprechen; so werden wir die Lehre der großen Meister der Weißen Loge erhalten können; so werden wir im Astralkörper durch die Unendlichkeit reisen können.

Es ist nicht nötig, den Verstand nicht mit so vielen Büchern und Theorien zu zerstören. In den inneren Welten können wir die Lehre der Meister erhalten. Beim Erwachen aus dem natürlichen Schlaf müssen die Schüler sich anstrengen, um sich an alles, was sie während des Schafes sahen und hörten, zu erinnern.

Es ist wichtig, dass unsere Schüler lernen, ihre inneren Erfahrungen zu deuten. Wenn sie das Buch Daniel in der Bibel studieren, können sie lernen, ihre inneren Erfahrungen zu deuten. Der Schlaf und das Gedächtnis sind die Kräfte, die uns erlauben, die großen Mysterien des Lebens und des Todes kennenzulernen.

Die Träume sind astrale Erfahrungen. Die Träume sind wahr.

Die Geschäfte

Wenn die Stunde des Todes kommt, verlassen wir den physischen Körper und treten in die inneren Welten ein. Die Seelen glauben nach dem Tod weiterhin, sie seien aus Fleisch und Blut und akzeptieren nicht einmal die Möglichkeit, dass sie nicht mehr der Welt aus Fleisch und Blut angehören; nur langsam erwacht das Bewusstsein der Seelen der Toten. Nach einer bestimmten Zeit treten die Seelen in einen neuen Mutterleib ein, um das Recht zu erhalten, in der Welt aus Fleisch und Blut wiedergeboren zu werden; das ist das Gesetz der Wiederkehr. Wir alle kamen, um die schlechten Taten unserer vergangenen Leben zu bezahlen. Wenn wir Gutes tun, erhalten wir Gutes; wenn wir Schlechtes tun, erhalten wir Schlechtes. Mit dem Maß, mit dem du misst, wirst du gemessen. Wer Blitze sät, wird Sturm ernten. Vollbringt gute Taten, damit ihr eure Schulden bezahlt.

Indem wir gute Taten vollbringen, können wir alte Schulden aus vergangenen Wiederverkörperungen begleichen. Wenn ein niederes Gesetz von einem höheren Gesetz transzendiert wird, löscht das höhere Gesetz das niedere. Den Löwen des Gesetzes bekämpft man mit der Waage. Wer etwas hat, mit dem er bezahlen kann, bezahlt und geht zufrieden aus dem Handel hervor. In den inneren Welten können wir mit den 42 Richtern des Karma sprechen. Das Oberhaupt dieser 42 Richter ist Anubis. Die Herren des Karma belohnen und bestrafen uns. Wir können die Richter des Karma auch um Kredite bitten. Jeden Kredit muss man mit guten Werken oder mit Leid bezahlen. Die Eingeweihten müssen den Palast von Anubis aufsuchen, um ihre Geschäfte zu regeln.

Unsere guten Taten werden in den inneren Welten durch exotische Geldstücke symbolisiert. Wenn wir einen bestimmten Dienst von den göttlichen Hierarchien erbitten, müssen wir ihn mit diesen Geldstücken bezahlen. Wenn wir diese ausgegebenen Geldstücke ersetzen wollen, dann müssen wir gute Werke vollbringen. Wer in den inneren Welten Guthaben hat, kann Wunder bewirken. Nichts wird uns geschenkt, alles kostet etwas. Das wahre Guthaben sind die guten Werke. Wenn wir kein Geld haben, dann müssen wir unbeschreiblich leiden.

Wir müssen den esoterischen Wert der Geldstücke kennenlernen. Bei einer bestimmten Gelegenheit baten wir den Windgott Ehecatl um einen Dienst und mussten ihm 25 esoterische Cent für den Dienst bezahlen. Wenn wir die Zahlen 2 und 5 zusammenzählen, erhalten wir die Zahl 7; 7 ist das Arkanum der Sühne. Wir hatten viel gelitten, mit Geduld. Wir hatten dieses Geldstück, bezahlten damit, und eine Person, die uns leiden ließ, entfernte sich von uns; so fand dieses Wunder statt. Wenn wir dieses Geldstück nicht gehabt hätten, hätte Ehecatl diese Arbeit nicht für uns getan. Nichts wird uns geschenkt, alles kostet etwas. Indem wir zugunsten der Menschheit arbeiten, können wir unsere alten Schulden bezahlen. Der Einzige, der Sünden verzeihen kann, ist der Christus. Nur die schreckliche Reue, die höchste innere Buße und der feierliche Schwur können uns zur Vergebung führen. Diese Angelegenheit kann nur in den inneren Welten mit dem Christus geregelt werden. Die Eingeweihten müssen, um ihre Geschäfte zu regeln, die 22 höheren Arkanen des Tarot kennen. Die Nummern werden zusammengezählt, wie wir bereits im Beispiel von Ehecatl erwähnt haben. Einem gewissen Bodhisattwa, der einen kranken mentalen Körper hatte, wurde gesagt: In 500 Jahren wirst du gesund werden. 5 + 0 + 0 = 5. Der Bodhisattwa rekapitulierte seine erste Einweihung der höheren Mysterien; damit wollte man ihm sagen, dass er, wenn er seine fünfte Einweihung der höheren Mysterien erhalten würde, gesund sein würde. Als er die fünfte Einweihung erreichte, wurde diesem Bodhisattwa gesagt: Du hast drei Jahre lang schon viel gelitten, jetzt wirst du dich besser kleiden. 3 ist unsere geistige Dreieinigkeit.

Dieser Bodhisattwa hatte spirituell gelitten, weil er gefallen war, als er sich erhob, wurde ihm seine purpurfarbene Tunika zurückgegeben und er kleidete sich spirituell besser.

Die 22 höheren Arkanen

Arkanum	Name und Botschaft
1	Der Zauberer (Willenskraft, Macht)
2	Die Priesterin (günstig, okkulte Wissenschaft)
3	Die Kaiserin (materielle und spirituelle Erschaffung)
4	Der Kaiser (Fortschritt, Erfolg)
5	Der Hierarch (das Karma)
6	Die Unentschlossenheit (Sieg, Glück)
7	Der Triumph (Sühne, Schmerz, Bitterkeit)
8	Die Gerechtigkeit (Leiden, Proben, Schmerz)
9	Der Eremit (Einsamkeit, Leiden)
10	Die Belohnung (Wandel)
11	Die Überzeugung (es soll keine Angst geben)
12	Das Apostolat (Proben und Schmerz)
13	Die Unsterblichkeit (vollkommener Wandel)
14	Die Mäßigung (Stabilität, kein Wandel)
15	Die Leidenschaft (kündet Gefahren an)
16	Die Zerbrechlichkeit (Strafe, schrecklicher Fall)
17	Die Hoffnung (Warten)
18	Die Dämmerung (verborgene Feinde, Krankheiten)
19	Die Eingebung (Erfolg, Glück)
20	Die Wiederauferstehung (günstige Wandel)
21	Die Transmutation (die Krone des Lebens)
22	Die Rückkehr (Triumph, alles geht gut)

Alle inneren Rechnungen, alle inneren Summen, werden mit diesen 22 höheren Arkanen interpretiert. Der göttliche Meister Jesus sagte zu einer unserer Schülerinnen, dass sie noch 32 Jahre länger an ihrem Werk arbeitend inkarniert bleiben müsste; diese Ziffern der Zahl werden zusammengezählt und das ergibt das Arkanum 5 des Tarot, das Gesetz. Das bedeutet, dass diese Schwester noch weiter inkarniert bleiben muss, bis sie ihr Schicksal gemäß dem Gesetz erfüllt.

Die Söhne dieser verkommenen, luziferischen Menschheit werden mit dem 15. Arkanum gezeugt und sterben mit dem 13.

Astralreisen

Astralreisen und die Kabbala sind eine Einheit. Es gibt einen

Übergangszustand zwischen dem Wachsein und dem Schlaf. Jeder Mensch verlässt

in diesem Augenblick unwillkürlich den Körper. Indem wir unsere Aufmerksamkeit darauf lenken, können wir in diesem Übergangszustand, der zwischen dem Wachsein und dem Schlaf existiert, freiwillig und bewusst aus dem Körper treten. Wichtig ist, den Schlaf zu beobachten. Dann können wir uns vom Bett erheben und unser Haus in Richtung der gnostischen Kirche verlassen; in der gnostischen Kirche predigt unser Herr der Christus. Alles, was die Schüler tun müssen, ist, den Schlaf beobachten und sich im Moment des Einschlafens vom Bett erheben. Die Erklärung, die wir geben, sollte in Tatsachen umgesetzt werden.

Wer viel gelesen hat, nimmt irrtümlicherweise an, dass dies eine mentale Angelegenheit ist, er denkt, dass er sich mental erheben muss. Wir wiederholen, dass dies in Tatsachen umgesetzt werden muss. Man muss sich mit der Natürlichkeit erheben, mit der man es am Morgen auch tut. So können wir uns im Astralkörper zur Weißen Loge begeben, um zu Füßen des Meisters zu studieren. Das ist nicht gefährlich, denn alle Menschen reisen im Astralkörper. Das ist besser, als uns den Kopf mit Büchern und Theorien vollzustopfen. Die vielen Buchstaben verwirren nur.

Die Theorien verfälschen den Verstand und schaden dem Gehirn. Die okkulte Wissenschaft wird in den inneren Welten studiert. Wer nicht weiß, wie man willentlich im Astralkörper reist, kennt den Okkultismus nicht. Es ist notwendig, die 22 höheren Arkanen zu studieren und sie auswendig zu lernen, um die esoterische Sprache der Eingeweihten auf der astralen Ebene zu verstehen.

Die Jinas-Zustände

Der Mensch kann seinen physischen Körper aus dem chemischen Umfeld nehmen und ihn in die inneren Welten versetzen.

Im chemischen Umfeld herrscht das Gesetz der Schwerkraft; in den inneren Welten herrscht das Gesetz der kosmischen Levitation. In den inneren Welten können wir mit dem physischen Körper schweben.

Der Schlüssel, um uns mit dem physischen Körper in die inneren Welten zu begeben, ist das willentliche Schlafwandeln. Der Schüler soll auf seinem Bett einschlafen und sich genau wie ein Schlafwandler erheben.

Die Schlafwandler erheben sich von ihrem Bett und behalten den Schlafzustand bei. Die Schlafwandler arbeiten und gehen im Schlaf.

Der Schüler, der sich mit seinem physischen Körper in die inneren Welten begeben will, muss die Schlafwandler nachahmen. Nachdem er sich von seinem Bett erhoben hat, macht der Schüler einen kleinen Sprung, mit der Absicht, zu schweben; wenn er schwebt und sich selbst außergewöhnlich dick sieht, ist das, weil er Erfolg hatte.

Dann werden unsere Schüler über das Wasser der Meere gehen können, wie es der Christus tat.

Als Christus über das Wasser ging, tat er das mit seinem physischen Körper im Jinas-Zustand. Genau das ist es, was man Jinas-Zustand nennt. Wenn Petrus nicht gezweifelt hätte, hätte er auch im Jinas-Zustand über das Wasser gehen können. Man braucht Glauben und ein bisschen Schlaf, das ist alles. Mit dem

festen Glauben und ein bisschen Schlaf können wir unseren Körper in den Jinas-Zustand versetzen. Petrus wurde ein Experte im Jinas-Zustand; mithilfe eines Engels und ein bisschen Schlaf konnte Petrus sich von den Ketten seines Gefängnisses befreien und sich retten.

Wenn wir den Gott Harpokrates anrufen, wird er auf unseren Ruf herbeieilen.

Mit dem Mantram HAR-PO-KRAT-IST können wir diesen Engel rufen. Mithilfe dieses Engels können wir unseren Körper in den Jinas-Zustand versetzen und uns augenblicklich an jeden Ort der Welt begeben.

Das Ei hat besondere Kräfte, die uns erlauben, den physischen Körper in den Jinas-Zustand zu versetzen. Der Schüler erwärmt ein Ei in Wasser, d. h. er kocht es leicht; dann macht er ein Loch an seinem spitzen Ende und holt mit einem spitzen Gegenstand das Eigelb und Eiweiß heraus. Die Schale des Eis besitzt die Kräfte des Gottes Harpokrates. Die Kräfte des Har-po-krat-ist sind eine Abwandlung der christlichen Kräfte. Der Schüler legt diese Schale neben seinen Kopf in das Bett.

Der Schüler muss sich selbst in dieser Schale sehen, Har-po-krat-ist anrufen und ihn bitten, dass er ihn mit dem physischen Körper dorthin bringt, wo er will. Der Schüler soll aufstehen, indem er den Schlafzustand wie ein Schlafwandler beibehält; er nimmt die Eischale und geht aus seinem Zimmer, indem er spricht: Harpokrates, hilf mir, denn ich gehe mit meinem Körper!

So werden die Schüler unserer gnostischen Bewegung sich mit ihrem physischen Körper in die inneren Welten begeben können, so werden sie in Fleisch und Blut zur heiligen gnostischen Kirche gehen können, so werden sie das Abendmal mit Brot und Wein erhalten können und den Prätor besuchen können.

So werden sie die großen Mysterien kennenlernen können, ohne die Notwendigkeit, ihren Verstand mit den sterilen Theorien und Diskussionen der spiritistischen Schulen zerstören zu müssen.

Es gibt verzauberte Seen, Jinas-Seen; es gibt Berge, Tempel, Dörfer und Städte im Jinas-Zustand. In der östlichen

Ebene von Kolumbien gibt es eine Stadt mit Namen Manoa im Jinas-Zustand. Auf allen Bergen der Welt gibt es Tempel der Weißen Loge im Jinas-Zustand.

Unser gnostisches Summum Supremum Sanctuarium der Sierra Nevada von Santa Marta in Kolumbien tritt gerade in den Jinas-Zustand. Überall wo es einen verzauberten Tempel, Berg oder See gibt (im Jinas-Zustand), da herrschen die Kräfte von Har-po-krat-ist mit intensiver Aktivität.

Die gnostischen Schüler dürfen in keiner Weise ermüden; einige triumphieren sofort und andere brauchen Monate und sogar Jahre, um bei den Jinas-Zuständen Erfolg zu haben. Ausdauer und Geduld sind grundlegend für jeden Fortschritt.

Mit diesen Praktiken des Har-po-krat-ist sammeln die Schüler in ihren Vehikeln diese wundervolle Kraft des Har-po-krat-ist an. Später werden sie über diese wundervollen Energien verfügen, um ihren Körper in den Jinas-Zustand zu versetzen. Mit diesen Kräften werden Wunder bewirkt.

Schlüssel, um den Körper aus der Ferne zu rufen

Wer mit dem Astralkörper reisen kann, kann den Körper aus der Entfernung rufen; das geschieht mit Hilfe des Innersten. Man betet folgendermaßen: „Du bist ich; du bist mein wahres Sein; ich bitte dich, bringe mir meinen Körper."

Dann wird der Innerste den Körper im Jinas-Zustand bringen. Egal wie weit entfernt sich der Astralkörper des Schülers befindet, dorthin wird sein eigener physischer Körper kommen. Unser Körper wird demütig zu uns kommen, und er wird in seiner Unterwäsche oder mit den Schlafgewändern bekleidet kommen; er wird mit derselben Kleidung, mit der wir ihn im Bett zurückließen, kommen. Diese Augenblicke, in denen wir uns Angesicht zu Angesicht mit unserem physischen Körper treffen, sind ergreifend. In diesem Augenblick, wenn wir im Astralkörper sind, müssen wir dem physischen Körper folgenden Befehl geben: „Mein Körper, begebe dich über meinen Kopf, dringe durch die Zirbeldrüse in mich ein."

Dann wird der physische Körper gehorchen und durch die Zirbeldrüse in uns eindringen. Diese Drüse befindet sich im oberen Teil des Gehirns. So wird unser Körper auf den Ruf herbeieilen.

So können wir mit dem physischen Körper an entfernten Orten handeln. Im Jinas-Zustand können wir die Tempel der Mysterien besuchen, um die Lehre zu Füßen des Meisters zu lernen.

Wenn ihr besondere Hilfe braucht, wenn ihr euch außerhalb des physischen Körpers befindet, ruft folgendermaßen: „Ich glaube an Gott, ich glaube an Christus und ich glaube an Samael.

Samael, bringe mir meinen Körper. Samael, bringe mir meinen Körper. Samael, bringe mir meinen Körper."

Wiederholt diese Bitte viele Male, und ich, Samael, euer demütiger Diener, werde auf euer Rufen herbeieilen, um euch euren Körper im Jinas-Zustand zu bringen. So werde ich euch dienen, geliebte Schüler, unter der Bedingung, dass ihr euch richtig verhaltet. Wir, die Meister, sind bereit, den menschlichen Wesen zu helfen, erneut die inneren Welten zu betreten.

Bittet, und euch wird gegeben; klopfet an, und euch wird geöffnet.

Die Schüler, die lernen wollen, auf eigenen Willen in den Astralkörper zu treten, werden unsere Hilfe erhalten, wenn sie diesen demütigen Diener Samael, den Autor dieses Buches, anrufen. Wenn ihr eure Übungen macht, betet so: „Ich glaube an Gott, ich glaube an Christus und ich glaube an Samael. Samael ziehe mich aus meinem Körper!" Betet wiederholt dieses Gebet, wenn ihr am Einschlafen seid. Wenn ihr eine bestimmte Müdigkeit fühlt, d. h. Schwäche und Schläfrigkeit, ist das, weil ich, Samael, euch helfe.

Macht eine höchste willentliche Anstrengung und erhebt euch aus eurem Bett; ich, Samael Aun Weor werde euch zur gnostischen Kirche bringen.

Bittet, und es wird euch gegeben; klopfet an, und es wird euch geöffnet. In diesem Augenblick ist die Evolution dabei, zum großen Licht zurückzukehren und wir, demütige Diener der armen Menschheit, sind dazu entschlossen, allen menschlichen Wesen zu helfen, erneut in die inneren Welten einzutreten.

Die Meditation

Es gibt viele Schüler, die, obwohl sie unsere Schlüssel, um mit dem Astralkörper zu wandern, kennengelernt haben, es nicht geschafft haben, dies nach Belieben zu tun. Das Scheitern dieser Schüler ist darauf zurückzuführen, dass sie die Fähigkeit des Astralkörpers bereits verloren haben; diesen Schülern bleibt keine andere Wahl, als in die Disziplin der Meditation einzutauchen, um die verlorenen Kräfte zurückzugewinnen.

Die Meditation ist eine Technik, um Informationen zu erhalten. Wenn ein Weiser sich in die innere Meditation versenkt, sucht er Information. Die Chakras werden mit der Meditation aktiv.

Die Meditation hat drei Stufen: Konzentration, Meditation und Samadhi.

Bevor wir mit unseren Konzentrationspraktiken beginnen, müssen wir uns bequem hinsetzen. Wir können diese Übung auch im Bett machen. Wir müssen den Verstand von allen Arten irdischer Gedanken loslösen; diese Gedanken müssen vor den Toren des Tempels sterben.

Bevor wir uns konzentrieren, müssen wir unseren Verstand beruhigen und an nichts denken. Wenn wir diese Bedingungen erfüllen, können wir unsere Übung der inneren Konzentration beginnen.

Lösen wir unseren Verstand von allen Dingen der physischen Welt und richten wir ihn nach innen, auf den Innersten. Denkt daran, dass euere Körper ein Tempel des lebendigen Gottes sind, und dass der Allmächtige in euch wohnt. Das Höchste in uns ist der Innerste.

Man muss den Innersten anbeten; man muss tief über den Innersten meditieren. In tiefe Meditation versunken, müssen wir den Schlaf hervorrufen; dieser Schlaf wird uns in den Samadhi-

Zustand tragen. Dann werden wir den physischen Körper verlassen, ohne zu wissen wie oder wann; so treten wir in die inneren Welten.

Die Träume sind echte innere Erfahrungen. Wenn wir eine Pflanze studieren wollen, konzentrieren wir uns auf sie, rufen den Schlaf hervor und schlafen ein. Dann sehen wir in der Traumvision, dass die Pflanze sich in ein wunderschönes Kind oder in eine schöne Kreatur verwandelt; diese Kreatur ist der Elementargeist der Pflanze. Wir können uns mit diesem Elementargeist der Pflanze unterhalten; wir können uns über die Eigenschaften dieser Pflanze informieren, über ihre magischen Kräfte, usw.

Der Elementargeist der Pflanze beantwortet diese Fragen und so erhalten wir die Information.

Die Meditation wird unsere verborgenen Kräfte erwecken. Die Meditation erzeugt grundlegende Veränderungen im Astralkörper. Dann wird es während des normalen Schlafes Augenblicke geben, in denen wir bewusst sind, und später werden wir sagen können: Ich bin außerhalb des physischen Körpers, ich bin im Astralkörper. So werden wir nach und nach das „fortdauernde Bewusstsein" erschaffen. Schließlich wird der Tag kommen, an dem der Schüler unsere Schlüssel nützen kann, um auf eigenen Willen in den Astralkörper zu treten. Er wird seine verlorenen Kräfte wiedererobert haben.

Während der Stunden des Schlafes reisen alle menschlichen Wesen im Astralkörper. Träume sind astrale Erfahrungen. Wir müssen lernen, uns an die astralen Erfahrungen zu erinnern.

Wenn wir aus dem Schlaf erwachen, machen wir eine Übung des Rückblicks, um uns an all jene Dinge, die wir während des Schlafes erlebten, zu erinnern. Während des Schlafes begeben sich unsere Schüler zu den Weißen Logen; während des Schlafes reisen unsere Schüler an entfernte Orte.

Alle unsere Schüler müssen lernen, ihre Träume zu interpretieren; sogar die absurdesten Träume sind vollständig symbolisch.

Wir deuten die inneren Erfahrungen, indem wir uns auf das Gesetz der philosophischen Analogien stützen, auf das Gesetz der Analogien der Gegensätze, auf das Gesetz der Entsprechungen und der Zahlenlehre.

Wer in diesen Studien vorankommen will, muss unermüdlich das Buch Daniel der Bibel studieren. Das System von Daniel lehrt uns, die inneren Erfahrungen zu deuten.

Die Finsteren

Die Finsteren stellen sich gegen unsere Lehren, indem sie sagen, dass die Zeit noch nicht gekommen ist, zu lernen, bewusst mit dem Astralkörper zu wandern; die Finsteren sagen, dass man noch nicht in die inneren Welten eintreten darf; sie behaupten, dass wir zuerst den physischen Körper beherrschen müssen. So schließen die Finsteren die Türen der inneren Welten für die leidende Menschheit.

So schließen die Finsteren für die nach Licht Strebenden die Türen der höheren Welten und nachdem sie sie geschlossen haben, versklaven sie die Menschen in ihren intellektuellen Systemen.

Im Mittelalter wurden die Eingangstüren der inneren Welten geschlossen; es war nötig, dass der Mensch sich der physischen Welt widmete, damit er sich seiner eigenen Individualität bewusst wurde.

Das Nirvana hat Zeiten der Aktivität und Zeiten der Ruhe. Am 19. Februar 1919 um 3:40 wurde das Nirvana wieder aktiv und von da an begann das evolutionierende Leben seine Rückkehr zum großen Licht. In diesen Zeiten ist es nicht zeitgemäß, die Eingangstüren zu den höheren Welten zu schließen.

Die Herrscher des Nirvana kämpfen zurzeit um die Rückkehr der Menschheit in die inneren Welten.

Der Planet Merkur tritt gerade aus einer kosmischen Nacht. Jetzt lehren die Herren des Merkur die menschlichen Wesen, wie man bewusst mit dem Astralkörper wandert. Je mehr der Planet Merkur aus seiner kosmischen Nacht tritt, desto aktiver werden die Herren des Merkur.

Die Finsteren stellen sich diesem großen kosmischen Gesetz entgegen, indem sie sagen, dass es gefährlich sei, mit dem Astralkörper zu wandern. Sie begehen das Verbrechen, sich den

Herrschern des Merkur entgegenzustellen und schließen die Türen die Türen zu den inneren Welten für die arme leidende Menschheit.

Im Zeitalter des Wassermannes werden alle menschlichen Wesen wissen, wie man willentlich den Astralkörper benutzt. Die Finsteren stellen sich dem großen Gesetz entgegen, um die Seelen in ihren intellektuellen Systemen zu versklaven.

Die Finsteren schließen die Türen von Eden

Die Finsteren sagen, dass man der Menschheit die Sexualmagie nicht lehren sollte, weil die Menschheit, ihrer Meinung nach noch nicht dazu bereit ist; auf diese Weise schließen sie der armen leidenden Menschheit die Türen von Eden. Die Finsteren schließen den nach Licht strebenden Seelen die Türen von Eden. Nachdem sie den nach Licht Strebenden gesagt haben, dass die Sexualmagie gefährlich sei, schließen sie sie in ihren komplizierten Atmungssystemen ein; sie schließen die Türen für die leidenden Wesen und versklaven sie in ihren intellektuellen Systemen.

Die Finsteren versuchen um jeden Preis, koste es, was es wolle, das sexuelle Problem zu umgehen. Die Finsteren hassen die Türen der Sexualität.

Früher war es verboten, das große Arkanum zu verbreiten; diejenigen, die es versuchten, wurden zur Todesstrafe verurteilt. Heute ist es unzeitgemäß, der Menschheit das große Arkanum der Sexualmagie vorzuenthalten. Die göttlichen Geschlechter lehren die Sexualmagie, damit die gesamte Menschheit nach Eden zurückkehren kann, aber die Finsteren stellen sich dem entgegen und vollbringen übermenschliche Anstrengungen, um die Menschheit von den Türen der Sexualität abzulenken.

Die Finsteren sind Feinde des großen Gesetzes. Die Finsteren verteidigen den Samenerguss. Die Finsteren leiten die armen nach Licht Strebenden in die Irre, um sie in ihren intellektuellen Systemen einzusperren.

Die beiden geschlossenen Türen

Mit erhabenen und unbeschreiblichen Worten halten die Finsteren die armen Menschen von den Türen von Eden ab, indem sie sagen, dass die Sexualmagie gefährlich sei.

Mit süßen Worten sagen die Finsteren, dass die willentliche Astralwanderung gefährlich sei. Auf diese Weise schließen die Finsteren den armen Seelen diese beiden Türen der Freiheit. Die Finsteren schließen die zwei Türen des Glücks und dann sperren sie ihre Opfer in ihren intellektuellen Systemen ein. Diese Systeme sind voller Überlegungen und philosophischer Worte.

Der Intellekt ist die gefährliche Waffe, die die Luzifer benutzen, um zu verhindern, dass ihre Opfer aus dem Abgrund entfliehen. Der Abgrund ist voll aufrichtig Irrender; der Abgrund ist voll von Menschen mit den besten Absichten. Viele Finstere des Abgrunds sind aufrichtig Irrende.

Die Finsteren glauben, dass man mit dem Intellekt Gott erkennen kann. Wir sagen, dass nur Gott sich selbst kennt.

Wir müssen die Vernunft und den Intellekt aufgeben, um eine Vereinigung mit Gott zu erreichen; wir müssen den Verstand eines Kindes haben, um die Vereinigung mit Gott zu erreichen; wir müssen die Sexualmagie ausüben, um in Eden einzutreten.

Wir müssen lernen, mit dem Astralkörper zu wandern, um mit dem Innersten zu sprechen; wir müssen zu Füßen des Meisters lernen.

Die Anfänger müssen einschlafen, während sie den Herrn Jehova anrufen und ihn bitten, sie in den Astralkörper zu ziehen; der Herr Jehova wird sie aus dem Körper ziehen. Der Schüler soll sich in dem Moment, in dem er einschläft, erheben. Hilf dir selbst, dann werde ich dir helfen. Jehova hilft uns immer; helfen wir uns selbst!

Initiationsvorbereitung

1

Der Schüler, der sich auf den schmalen, engen und schwierigen Weg begeben will, der uns zum Licht führt, muss sich von allen spirituellen Schulen lossagen.

Diese Schulen sind voller erhabener Verbrechen; diese Schulen sind goldene Käfige voller wundervoller giftiger Schlangen; in diesen Schulen gibt es mystische Boshaftigkeiten im Überfluss.

Im Namen der „Universellen Bruderschaft" werden die schlimmsten, im Strafgesetz festgehaltenen Verbrechen begangen. Es bereitet uns Schmerzen, das zu sagen, aber das Einverständnis mit dem Verbrechen ist auch ein Verbrechen. Zu schweigen, wenn man sprechen muss, ist so schlimm, wie zu sprechen, wenn man schweigen muss. Wir würden gerne schweigen, aber man bezahlt nicht nur Karma für das Böse, das getan wird, sondern auch für das Gute, das man nicht getan hat und hätte tun können. So können wir das also nicht verschweigen; wir lieben die Menschheit sehr und müssen das Verbrechen aufdecken, den Finger in die Wunder legen, um nicht in das Verbrechen des Einverständnisses mit dem Verbrechen zu fallen.

Wenn wir diese Dinge nicht sagen würden, würden wir schreckliches Karma auf uns ziehen, das Karma der Komplizen und Feiglinge. Die Wahrheit ist, auch wenn sie hart ist, die beste Freundin.

Alle Schulen, Orden und spirituellen Logen sind herrliche Gärten, in denen Nester von gefährlichen Schlangen sind und giftige Blumen voller Duft strahlen. In diesen Schulen gibt es unglaubliche Verzauberungen, die uns in den Abgrund stürzen, erhabene Theorien, die uns in die Tiefe führen können, ein süßes Lächeln, das uns ins Unglück stürzt. Das Opium der Theorien ist gefährlicher als der Tod.

Diese Menschen sind voller Heuchelei und Fanatismus.

Die spirituellen Brüder umarmen mit einer Hand, und mit der anderen stechen sie den spitzen Dolch des Verrats in den Rücken. Die spirituellen Brüder verstecken ihre schlimmsten Taten immer mit einem Lächeln und mit sehr süßen Worten. Wir haben nicht die Absicht irgendeine bestimmte Person zu kritisieren, denn das ist nicht richtig. Wir sprechen im Allgemeinen, zum Wohl des großen Werkes des Vaters.

Wir haben schreckliche Dinge kennengelernt. Wir lernten den Fall einen gewissen Laferriére kennen, der sich als Jesus Christus ausgab; er gründete einen Orden schwarzer Magie und angeblich vereinigt er alle Schulen, Orden, Sekten, Glauben und Logen innerhalb der universellen Bruderschaft, deren Zentrum natürlich er selbst ist.

Wir lernten eine andere Person kennen, die den Namen K. H. annahm, um sich Avatar zu nennen und alle Schulen unter ihrem Zepter zu vereinen. Diese Art von opportunistischen Menschen gründet schwarzen Logen unter dem schönen Decknamen „Universelle Bruderschaft“.

Wir können dies nicht verschweigen, denn das Einverständnis mit dem Verbrechen ist auch ein Verbrechen. Fast alle spirituellen Brüder sind vollständig versteinert durch den Intellekt; fast alle blieben in den Theorien des Spiritismus des vergangenen Jahrhunderts eingefroren und weisen voller Stolz, Angst und Überheblichkeit die geheime Lehre unseres Herrn Christus zurück.

So raten wir also unseren Schülern, sehr vorsichtig zu sein; es ist besser, uns von dieser Klasse von Herrschaften zurückzuziehen; sie sind gefährlich und schädlich. Jene, die den Christus verraten, stürzen in den Abgrund.

In der heutigen Zeit gibt es viele falsche Christusse und wer sich ihnen anschließt, begeht das Verbrechen des Hochverrates. Jesus der Christus ist der Herr aller Seelen; dieser große Meister lebt in Tibet.

Vergesst nicht, dass sich im Weihrauch des Gebetes das Verbrechen versteckt, dass sich vermischt mit dem Duft des Gebetes das Verbrechen versteckt.

Die falschen Christusse haben erhabene Erscheinungen. Zu sagen, dies ist gut, und dies ist schlecht, ist einfach; das Gute vom Schlechten und das Schlechten von Guten zu unterscheiden, ist sehr schwer.

Die schwarzen Logen sind voller aufrichtig Irrender. Der Abgrund ist voller Menschen mit den besten Absichten. Wenn wir den wahrhaftigen Weg der Einweihung betreten, wenden sich alle spirituellen Brüder gegen uns. Christus wurde von den Spirituellen seines Zeitalters gekreuzigt.

Viele betreten den Weg und dann wollen sie nicht mehr arbeiten, um die Aufgaben eines jeden guten Bürgers zu erfüllen; diese armen Wesen vergessen ihre Pflichten gegenüber der Familie, gegenüber der Welt und sich selbst gegenüber. Dann hören wir sie Sätze sagen wie: „Geld ist eitel." „Das ist die Welt des Maya (Illusion)". „Mich interessieren die weltlichen Dinge nicht.", usw.

So scheitern diese armen Schüler, denn sie wissen nicht ihre Pflichten zu erfüllen; dadurch wenden sich diese Anhänger des Pfades von der Einweihung ab, denn sie wissen nicht ihre Pflichten eines einfachen Bürgers zu erfüllen.

Jetzt werden unsere Schüler verstehen, warum wir sagen, dass sich im Weihrauch des Gebetes auch das Verbrechen versteckt.

Wer auf den Pfad tritt, muss vor allem ein beispielhafter Ehemann und ein beispielhafter Vater, ein beispielhafter Sohn, ein vorbildlicher Mitbürger, ein großartiger Enkel und ein patriarchalischer Großvater sein. Wer seine Pflichten als einfacher Bürger nicht zu erfüllen weiß, kann den Weg der großen Mysterien nicht finden. Viele Schüler vergessen die guten Manieren des aufrichtigen und ehrenhaften Herrn und verwandeln sich in wahrhaft unverantwortliche und sogar gefährliche Menschen.

Menschen, die niemals etwas gestohlen hatten, verwandelten sich in Diebe von Büchern und Geld, als sie den Pfad betraten. In den spirituellen Schulen stehlen die spirituellen Brüder Bücher oder leihen sie aus und bringen sie dann nicht zurück, usw.; andere betrügen ihre Mitbrüder: sie leihen sich Geld aus, stehlen es, usw.

Unter dem Deckmantel des Wortes Bruderschaft werden alle Arten von kriminellen, in den Strafgesetzbüchern aufgeführte Handlungen begangen. Es gibt Menschen, die fremdes Geld nehmen, um, wie sie sagen, gute Werke zu vollbringen; es gibt Menschen, die denjenigen, der arbeitet, kritisieren, denn sie sagen, alles ist Eitelkeit, usw. So verschließen die Schüler sich also selbst den Weg, der zu den großen Mysterien führt.

Auf dem Pfad begehen viele Brüder Ehebruch, indem sie sagen: „Meine Frau ist gegen die spirituellen Lehren", „die andere, die ich habe, stimmt mit meinen Ideen überein, sie ist spirituell", „sie ist die Einzige, mit der ich die Sexualmagie praktizieren kann, um mich zutiefst zu verwirklichen", und noch tausend andere mystische Sätze, um das schreckliche Verbrechen des Ehebruches zu verdecken. So verschließen sich die Ehebrecher die Tür des Tempels.

Es gibt viele Brüder auf dem Pfad, die die Sexualmagie als Ausrede benutzen, um viele einfältige Anhängerinnen des Pfades zu verführen; auf diese Weise entfernen sich diese mystischen Ehebrecher vom Altar der Einweihung und fallen in den Abgrund.

Die Sexualmagie kann nur zwischen rechtmäßigen Ehemännern und Ehefrauen praktiziert werden. Es gibt Brüder, die sich die Frau eines Anderen rauben, weil das Gesetz des Karma es angeblich so angeordnet hat. Alle diese Verbrechen haben Tausende von spirituellen Schülern in den Abgrund geführt.

Als wir beauftragt wurden, in einem bestimmten Land eine Mission zu erfüllen, wurden wir angegriffen von gewissen spirituellen Personen, die uns besuchten, um unsere Werke zu kritisieren, uns gebieterische Befehle zu geben und uns in unserem eigenen Haus zu beleidigen. Im profanen Leben würde kein Mann es wagen, sich in ein fremdes Haus zu begeben, um Befehle zu geben und den Hausherrn zu beleidigen, denn er würde Blutvergießen oder ein Problem mit der Polizei herausfordern. Leider fallen die Brüder des Pfades in diese Zustände schrecklicher Unverantwortlichkeit.

Einige vergessen sogar die grundlegendsten Gesetze des Stadtlebens und gehen mit schmutzigen Kleidern und völlig verwahrlost durch die Straßen, indem sie die Spiritualität und die Verachtung der Eitelkeiten der Welt als Ausrede benutzen. Das nennt man Degeneration. So schrecken viele Brüder des Pfades viele Menschen mit ihrem schlechten Vorbild ab. Wir kleiden uns immer angemessen, nicht aus Stolz oder Eitelkeit, ganz einfach aus Respekt den Nächsten gegenüber.

Die Methode uns selbst zutiefst zu verwirklichen, ist nicht, sich Bärte oder das Haar wachsen zu lassen, oder schmutzig auf der Straße herumzulaufen. Wer sich verwirklichen will, muss damit anfangen, ein anständiger und untadelhafter Herr zu sein. Wer sich selbst verwirklichen will, muss die Sexualmagie praktizieren und den Pfad der vollkommensten Heiligkeit betreten.

In allen spirituellen Schulen spricht man schlecht über den Nächsten und streitet wie Papageien.

Das ist nicht gut. Niemand hat das Recht, den Anderen zu verurteilen, denn kein Mensch ist vollkommen. Das hat uns Christus schon gesagt: „Richte nicht, damit du nicht gerichtet wirst. Mit dem Stab, mit dem du misst, wirst du gemessen werden“, usw. Wir haben kein Recht, die Fehler Anderer zu verurteilen. Klatsch und Verleumdung haben die Welt mit Schmerz und Leid erfüllt. Verleumdung ist schlimmer als Diebstahl.

2

Diskussionen und Streitereien haben vielen spirituellen Schulen ein Ende gesetzt. Wenn zwei Menschen sich streiten, haben sie Stolz und Überheblichkeit im Verstand; beide wollen ihrem Gesprächspartner ihre bereits genannte Überlegenheit demonstrieren, beide haben im Verstand Satan auf den Thron erhoben. Wir müssen unsere Meinung immer respektvoll darlegen und unserem Gesprächspartner die Freiheit lassen, sie zu akzeptieren oder abzuweisen.

Jeder Mensch ist frei, zu denken, was er will und wir dürfen keinen Zwang über einen fremden Verstand ausüben, denn das wäre Schwarze Magie. Die intellektuelle Diskussion ist luziferisch und dämonisch.

Wir brauchen den Verstand eines Kindes, um in die höheren Mysterien einzutreten. Wir müssen im Verstand und im Herzen Kinder sein. Wir müssen vollkommen sein wie unser Vater im Himmel vollkommen ist. Die großen Mysterien erreicht man nicht mit eitlem Intellektualismus, die höheren Mysterien erreicht man mit dem Herzen eines Kindes. Wir haben große Meister der Weißen Loge kennengelernt, die absolute Analphabeten waren. Eine andere Gefahr, die den Anhängern des Pfades droht, ist der Neid.

Jene, die voller Neid wegen des Fortschrittes der Anderen sind, verwandeln sich in einen Judas, der seine Lehrer für dreißig Silberstücke verkauft. In den spirituellen Schulen und Logen sehen die Neider auf die Uhr und schlagen die Glocke, um das Wort der guten Redner und ihre Lehren zu sabotieren. So versteckt sich das Verbrechen im Weihrauch des Gebetes.

Bei einer bestimmten Gelegenheit sagte uns der Meister Morya: „Sich mit dem Innersten zu vereinen, ist sehr schwer, das ist sehr anstrengend; von zweien, die versuchen, sich mit dem Innersten zu vereinen, schafft es nur einer, denn – wie schon der Dichter Guillermo Valencia sagte - das Verbrechen versteckt sich in den eigenen Reihen.“

Der Meister Morya hatte wirklich recht: das Verbrechen kleidet sich als Heiliger, als Märtyrer, als Apostel, usw. Deshalb ist es so schwer, die Vereinigung mit dem Innersten zu erreichen. Das ist der Pfad auf des Messers Schneide. Unsere Schüler müssen ihre Fehler zusammenzählen und jedem Fehler dann der Reihe nach zwei Monate widmen; so werden sie allen ihren Fehlern ein Ende setzen. Wer alle seine Fehler gleichzeitig auslöschen will, wird keinen auslöschen.

Dieser Pfad ist sehr schwierig. Christus hat schon gesagt: „Von Tausenden, die mich suchen, findet mich einer; von Tausenden, die mich finden, folgt mir einer; von Tausenden, die mir folgen, ist einer mein."

Für jeden Schritt, den wir bei der Entwicklung der okkulten Kräfte tun, müssen wir tausend Schritte auf dem Pfad der Heiligkeit tun.

3

Wer in die großen Mysterien eintreten will, muss den animalischen Intellekt aufgeben. Der Intellekt ist luziferisch und dämonisch. Die großen Meister haben den Verstand eines Kindes. Wir müssen in großer Ehrfurcht vor Gott leben und vor ihm zittern; wir müssen dem intellektuellen Hochmut ein Ende setzen.

Wir müssen einen einfachen und schlichten kindlichen Verstand haben. Wir dürfen das Verbrechen nicht verstecken.

Manchmal senden uns die Schüler Briefe und bitten uns, dass wir den Verstand dieser oder jener Frau beherrschen sollen, um sie – wie sie sagen – auf den richtigen Weg zu führen.

So verstecken sie die Lüsternheit im Weihrauch des Gebetes; so wollen sie die höheren Brüder betrügen, indem sie Arbeiten der schwarzen Magie verlangen. Niemand darf einen fremden Verstand beherrschen, denn das ist ein Verbrechen. Man muss die Freiheit der Anderen respektieren.

Wir erklären in diesem Kapitel, dass man durch drei Türen in den Abgrund stürzt: Zorn, Neid und Lüsternheit. Der Zorn verkleidet sich als Richter; der Neid versteckt sich in den guten Vorsätzen; die Lüsternheit kleidet sich gewöhnlich mit der Tunika der Mystik.

Die spirituellen Schwestern setzen sich auf die Knie der Anhänger des Pfades; die Brüder des Pfades nehmen die Unschuld als Ausrede, um die Schwestern des Lichtes zu küssen und zu umarmen. So versteckt sich auch im Weihrauch des Gebetes das Verbrechen.

Ein anderes schweres Verbrechen ist das der Undankbarkeit. Einem Hund gibt man Brot und er dankt, aber die Brüder der spirituellen Schulen danken nicht. Wenn ein rechtmäßiger Meister sie belehrt, ist das Einzige, was er als Bezahlung erhält, Verfolgungen, Hass und Verleumdung.

Wir kennen einen spirituellen Bruder, der, als er Hunger und keine Arbeit hatte, immer irgendeine barmherzige Seele traf, die ihm Brot und ein Dach über dem Kopf gab; später, als er Arbeit gefunden hatte, fand er nichts dabei, sich gegen seine barmherzigen Wohltäter zu wenden; manchmal verleumdete er sie öffentlich und griff sie an. So bezahlte dieser Bruder mit der Münze der Undankbarkeit. Er fand jedoch immer eine philosophische Ausrede für sein Verbrechen und sagte auf zynische Weise: „Ich schulde niemandem etwas, das Leben gibt mir alles und meine barmherzigen Wohltäter sind nur Werkzeug des Lebens; ihnen schulde ich nichts."

Andere verlassen ihre eigene Mutter, ihren alten Vater, indem sie sagen: „Alle Menschen sind meine Familie, meine Eltern sind mir egal; ich bin ein Rebell, usw.„

So verstecken sie das Verbrechen im Weihrauch des Gebetes. Es gibt Menschen, die ihre Frau und ihre armen Kinder verlassen, angeblich, um ein spirituelles Leben zu führen. So fallen diese schlechten Menschen in den Abgrund der schwarzen Magie.

Andere wollen Mitglieder aller Organisationen vereinen, wie sie sagen, um eine große universelle Bruderschaft zu bilden. Diese Monopolisten von Schulen sind wahre Seelenhändler. Sie lassen sich gewöhnlich das Haar und den Bart wachsen, und nennen sich sogar Jesus Christus, wie jener Ferriére des finsteren

Ordens des Wassermannes. Sie predigen die Vielfalt innerhalb der Einheit.

Ihre Schlauheit ist so groß, dass sie sich gewöhnlich geschickt in den Mittelpunkt stellen, als lebendige Einheiten, wie Jesus Christus selbst. Mit der Ausrede, alle Schulen, Glauben und Religionen zu vereinen, verführen sie die Unvorsichtigen. In Gegenwart dieser Finsteren muss man seinen Geldbeutel gut bewachen.

Die Räuber des Ordens des Wassermannes haben viel Eigentum in ganz Amerika erworben, mit der Ausrede, Ashrams, Einweihungsschulen, usw. zu errichten, und die armen fanatischen Bauern und Kirchgänger, die ihr Land den Finsteren des Wassermannes schenken, fehlen nie.

Heute kann Reynaud de la Ferriére ruhig in Paris leben und sich an seinem betrügerischen Einkommen erfreuen. Jetzt gehen die Finsteren Hand in Hand mit den römisch-katholischen Priestern.

Die Missionare dieses schrecklichen Geschäftes tragen das Hemd über der Hose und statt Schuhe benutzen sie Pantoffel. Alle streben danach, sich den Bart wachsen zu lassen; wenn sie das Recht erhalten, sich nicht mehr zu rasieren, dann nennen sie sich Gurus und ältere Brüder. Es gibt da einen gewissen Estrada, der sich als der Heilige Petrus ausgibt, und dem die Finsteren des Wassermanns die Füße küssen. Wie schmutzig sind diese Schurken!

Die Gnostiker können sich nicht gleichzeitig an den Tisch der Engel und an den Tisch der Dämonen setzen; wir müssen uns entscheiden. Wer in Eden eintreten will, muss durch dieselbe Tür eintreten, durch die er hinausgegangen ist, und diese Tür ist die Sexualität. Es gibt keine andere Tür; dort wo wir hinausgegangen sind, müssen wir wieder hineingehen.

Alle spirituellen Schulen, die gerade auf der Welt existieren, gehören dem Abgrund an. Diejenigen, die von einer Schule zur anderen flattern, sind die Huren des Spiritismus. Bei einer bestimmten Gelegenheit besuchten wir einen spiritistischen Tempel. Ein Dämon drang in den Körper eines Mediums ein und gab sich als Jesus Christus aus; er sprach süße Worte und alle Anwesenden beteten ihn mit schrecklichem Fanatismus an. Das ist Spiritismus, das ist schwarze Magie, das ist der Abgrund.

Es bereitet uns Schmerzen, dies zu sagen, aber es ist die Wahrheit, und wir können nicht mit einem Verbrechen einverstanden sein: alle spirituellen Schulen, Organisationen und Orden dieses Jahrhunderts gehören dem Abgrund an.

4

In den Vereinigten Staaten ist der Zustand des Sittenverfalls der spirituellen Brüder skandalös. Bei einer bestimmten Gelegenheit, als wir eine spirituelle Schwester über die Praktiken der Sexualmagie berieten, antwortete sie uns zynisch, dass sie die Sexualmagie nur mit ihrem Guru ausüben würde; diese Antwort gab sie uns in Anwesenheit ihres eigenen Ehemannes.

Wir widersprachen ihren Worten und sagten ihr, dass die Sexualmagie nur mit dem Ehemann praktiziert werden darf. Wahrlich, keine profane Ehebrecherin wurde eine solch dreiste Antwort vor ihrem Ehemann geben. Nur den Unverantwortlichen der Spiritualität kommen solche Ungeheuerlichkeiten in den Sinn. Noch dazu stellte sich heraus, dass der Guru dieser armen Schwester nur ein bewundernswerter Betrüger, ein betrügerischer Räuber, ein Seelenhenker war.

Bei einer anderen Gelegenheit lernten wir einen krankhaften Mystiker kennen, der mit der Ausrede, vielen Anhängerinnen zu helfen, diese sexuell verführte. Dieser Bösewicht verliebte sich sogar in die Tochter seiner Frau, d. h. in seine Stieftochter und nahm sie zur Frau. Dieser Bösewicht war ein gefallener Bodhisattwa. Die Bodhisattwas sind schlimmer als Dämonen.

Der große Bruder der Aquarianisten, Estrada, ist ein Bösewicht, der überall schwarze Magie lehrt.

Ich kenne einen gefallenen Bodhisattwa, der in Bogota, Kolumbien, wohnt. Dieser Mann hat eine Sekte von irrsinnigen Eunuchen gegründet, die die Sexualität hassen. Auf diese Weise schädigt dieser arme Bruder ganze Familien und schließt den anderen Menschen die Türen von Eden.

Heute ist es sehr gefährlich, jemandem einfach so zu folgen. Das Beste ist den inneren Meister zu suchen, unserem Ich-Bin zu folgen und zu lernen, im Astralkörper zu reisen, um die Tempel der Weißen Loge zu besuchen und die Lehren direkt im Tempel zu erhalten.

5

Die Einweihungsvorbereitung ist sehr streng. Die Schüler müssen aufmerksam und wachsam wie der Späher in Zeiten des Krieges leben. Reinigt euren Verstand; lasst euch nicht von den Frevlern betrügen!

Ihr müsst wissen, Brüder, dass der Frevler der moderne Intellektualismus ist, die Wissenschaft dieser Zeit. "Jener Frevler, dessen Ankunft durch die Wirkung Satans mit großer Macht, Zeichen und verlogenen Wundern stattfindet."

Flugzeuge, Atombomben, falsche Wunder in der Physiologie, Biologie, Medizin, Chemie, usw. All diese Wunder der Wissenschaft sind falsch; glaubt nicht an diese falschen Wunder des Frevlers.

Lasst euch durch niemand und auf keine Weise täuschen! Denn unser Herr (Jesus Christus) wird nicht kommen, wenn es nicht vorher einen Abfall vom Glauben gibt und der Mensch der Sünde erscheint, der Sohn des Verderbens (die verkommene Menschheit), der Widersacher, der sich über alles, was Gott oder Heiligtum heißt, so sehr erhebt, dass er sich sogar auf den Thron Gottes setzt und sich als Gott ausgibt. (Thess. II, 2: 3 und 4)

Ich rate euch, Brüder, glaubt nicht an die Wunder des Frevlers: es sind verlogene Wunder.

Die modernen Wissenschaftler kennen nichts als einfache illusorische Erscheinungen; sie kennen den menschlichen Organismus nicht.

Der menschliche Körper kann im Jinaszustand fliegen, eine Mauer von einer Seite zur anderen durchqueren, ohne sich zu verletzen oder zu beschmutzen, die Gestalt von Pflanzen, Felsen und Tieren annehmen, und auf eigenen Willen kleiner oder größer werden. Diese Dinge weiß der Frevler nicht.

Die Wissenschaftler des Antichrist gründen ihre Physiologie, Pathologie, Biologie, usw. auf falschen Erscheinungen, auf denen sie ihre Wissenschaft errichten und ihre verlogenen Wunder vollbringen.

So haben sie also ihren Materialismus gegründet, indem sie sich gegen alles wehrten, was man Gott nennt oder anbetet, so sehr, dass sie sich jetzt auf den Thron Gottes setzen.

Wenn ihr euch christifizieren werdet, werdet ihr die wahre göttliche Weisheit kennenlernen; dann werdet ihr euren Körper Tausende von Jahren erhalten können, die Kranken mit der Macht des Christus heilen, über das Wasser des Meeres schreiten, und Wunder und Zeichen vollbringen, wie die, die Er im Heiligen Land vollbracht hat.

6

Die spirituellen Schulen sind voller aufrichtiger Irrender. Auch im Weihrauch des Gebetes versteckt sich das Verbrechen.

Christus wurde zwischen zwei Dieben gekreuzigt. Fast alle Organisationen nutzen den Christus aus: einige nutzen ihn mit guten Absichten aus, und andere nutzen ihn mit schlechten Absichten aus, das sind der gute und der schlechte Dieb.

In Frankreich ließ ein Betrüger, der sich der Astrologie des Jahrmarktes und dem guten Bier widmete, sich von einem Tag auf den anderen das Haar und den Bart wachsen und kam nach Venezuela. Dort gründete er einen Orden der schwarzen Magie mit dem Namen Aquarius und erklärte sich als die Inkarnation von Jesus von Nazareth. Ein anderer folgte seinem Beispiel und verwandelte sich in den Heiligen Petrus; dieser Letztere ging mit Tunika, Umhang und Sandalen durch die Straßen.

Diese Menschen treten als selbstlose Apostel auf, nutzen den Namen Christus mit schlechten Absichten aus und erwerben Eigentum mit dem Vorwand, das was sie Ashrams nennen, zu gründen. Die Anhänger dieser Betrüger sind oft aufrichtig Irrende, die leider das Verbrechen begehen, den Herr der Seelen zu verraten. Sie tauschen Christus gegen einen Betrüger aus, und das ist ein Verbrechen des Hochverrates.

Andere sagen, sie seien Rosenkreuzer und schließen sich der schwarzen Loge von Amorc an; diese Loge verkauft Einweihungen und verteilt das Wort „Mathrem“ als Nonplusultra der Magie. Dieses Wort ist ein Mantram, um in die Ebenen der schwarzen Loge einzutreten. All diese Menschen nutzen den Christus mit schlechten Absichten aus.

Amorc ist eine kommerzielle Sache.

Andere schließen sich der theosophischen Gesellschaft an; diese Menschen verstehen das Mysterium Christi nicht, sie sind erstarrt in den Theorien des letzten Jahrhunderts und durch den schrecklichen Fanatismus und die Angst akzeptieren sie nichts Neues und glauben, dass sie das höchste der Weisheit sind. Sie sind hochmütig und überheblich, fanatisch und haben schreckliche Angst. Sie sind negative und gefährliche Menschen, die den Christus mit guten Absichten ausnutzen. Es gibt aufrichtig Irrende, wie die Rosenkreuzer von Max Heindel, und Heindel kennt das christliche Mysterium nicht. Wer Heindel folgt, kennt die Lehre des strahlenden Ich-Bin überhaupt nicht. Heindel sagt, dass bei der Taufe Jesu ein Wechsel stattfand, dass Jesus desinkarnierte und Christus in dieses Vehikel eintrat; dieser Irrtum ist Beweis genug, dass Heindel die Lehre des strahlenden Ich-Bin überhaupt nicht kennt. Heindel ist ein aufrichtig Irrender, er weiß nicht, was die Krone des Lebens ist und kennt den christlichen

Esoterismus nicht. Diejenigen, die ihm folgen, gehen in die Irre, und wenn ein Blinder die Blinden führt, werden alle in den Abgrund stürzen.

Die Leiter dieser Einrichtung nutzen den Christus mit guten Absichten aus; sie sind aufrichtig Irrende. Leider sind sie Unzüchtige, denn sie kennen das große Arkanum nicht. Jede Vereinigung von Unzüchtigen bildet eine schwarze Loge.

Es gibt eine Vielzahl von spiritistischen Tempeln; in diesen Tempeln gibt es Menschen mit medialen Fähigkeiten im Überfluss, und durch diese Fähigkeiten manifestiert sich eine Vielzahl von Betrügern.

Sie alle behaupten, Jesus Christus zu sein, und die armen Menschen glauben fest an solche Betrügereien. Der Abgrund ist voller Finsterer, die sich in den spiritistischen Tempeln durch die Fähigkeiten des Mediums äußern. Leider sind diese armen Brüder voll von schrecklichem Fanatismus, sie sind aufrichtig Irrende. Die Leiter dieser spiritistischen Zentren nutzen den Christus mit guten Absichten aus.

Es gibt eine Vielzahl von Orden, Logen, Schulen und spirituellen Zentren, einige folgen dem guten Dieb und andere dem schlechten Dieb.

Es gibt auch eine Vielzahl von Religionen, die mit dem Blut Christi reich geworden sind. Der Vatikan ist voller Reichtum; das ganze Gold des Vatikans wurde mit dem Blut des Märtyrers von Golgatha erworben. Die vom Heiligen Geist erleuchteten Mystiker wissen, dass der Papst Pius XII. das Zeichen der Bestie auf der Stirn und auf den Händen trägt; die vom Heiligen Geist erleuchteten Mystiker wissen, dass dieser Papst ein Dämon des Abgrundes ist, ein Dämon, der einen Körper aus Fleisch und Blut hat, ein fleischgewordener Dämon.

Die Schwestern im Kloster entbinden ihre Kinder mit dem Arkanum 15 und töten sie mit dem Arkanum 13. Das Arkanum 15 ist die wollüstige Leidenschaft; das Arkanum 13 ist der Tod. In den Ruinen aller Nonnenklöster findet man immer Skelette von neugeborenen Kindern; das weiß jeder Handwerker, der in den Ruinen irgendeines Nonnenklosters gearbeitet hat. All diese Menschen töten, begehen Ehebruch und Unzucht im Namen der Mystik. Die Priester begehen Unzucht und Ehebruch auf allen Beichtstühlen, sie verführen die jungen Mädchen auf dem Beichtstuhl.

Für die Hochzeit Geld zu verlangen ist ein Verbrechen gegen den Heiligen Geist. Die Liebe wohnt in der Kirche des Herzens. Mit der Liebe Geschäfte zu machen, ist ein Verbrechen gegen den Heiligen Geist. Diese Menschen folgen dem schlechten Dieb.

Eine Vielzahl von religiösen Organisationen lebt von Christus, nutzt das Blut des Märtyrers von Golgatha aus; all diese Menschen nennen sich Protestanten, Adventisten, Zeugen Jehovas, usw. All diese Menschen studieren die Bibel wortwörtlich.

Diese armen Menschen kennen die geheime Lehre des Ich-Bin nicht und fallen in die schrecklichsten Verirrungen wie Moliére und seine Karikaturen. Viele Organisationen sind voll von spirituellem Intellektualismus. All diese armen Menschen begehen Unzucht und sind voller Stolz, Fanatismus und Angst.

All diese Menschen nutzen den Christus aus. Einige folgen dem guten Dieb und andere dem schlechten Dieb. Alle beten weiterhin die Person Jesus an, aber sie weisen seine Lehre zurück, die geheime Lehre des Ich-Bin.

Es tut uns weh, das zu sagen, aber es ist die Wahrheit. Zu sprechen, wenn man schweigen soll, ist genauso schlecht, wie zu schweigen, wenn man sprechen soll. Es gibt verbrecherische Stille und es gibt schändliche Worte.

Überall hören wir die Brüder der Rosenkreuzer, Theosophen, usw. wie sie uns verleumden, weil wir die Wahrheit sagen. Diese Brüder verwechseln die Heiligkeit mit der Scheinheiligkeit, die Brüderlichkeit mit der Komplizenschaft; das sind die Prostituierten der Spiritualität.

Wie Sivananda sagt, ist dieser Pfad tatsächlich voller Gefahren, sowohl innen wie außen; das ist der Pfad auf Messers Schneide.

Max Heindel und Steiner glaubten, dass die Luzifer zurückgelassene Bindeglieder zwischen den Menschen und den Engeln seien, Bewohner des Mars, und tausend andere Dummheiten. Wenn unsere Schüler sich von Steiner oder Heindel verwirren lassen würden, würden sie sich in Dämonen verwandeln.

Der Luzifer und die Luzifer sind Dämonen des Abgrunds. Das ignorieren Steiner und Heindel.

Fast alle spirituellen Schulen lehren, die mentale Kraft zu entwickeln. Alle wollen den Verstand stärken, und deshalb verfallen viele der schwarzen Magie. Der Verstand ist der Esel, auf dem wir reiten müssen, um in das himmlische Jerusalem zu gelangen.

Der Verstand muss sich vor der Erhabenheit des Innersten verneigen. Das ignorieren die spirituellen Brüder, sie wollen immer ihren persönlichen Willen durchsetzen, aber sie folgen niemals dem Willen des Vaters. Das ist die schreckliche Wahrheit dieser Dinge.

Andere lassen sich mit der Hypnose ein, um Gutes zu tun, wie sie sagen. So verkleidet sich der Verbrecher als Heiliger. Hypnose ist reine und wirkliche schwarze Magie.

Wenn eine neue Schule der schwarzen Magie eröffnet wird, ist das erste Opfer der Märtyrer von Golgatha. Sie sprechen in seinem Namen, damit die Anhänger ihnen glauben; in seinem Namen erbitten sie Geld, in seinem Namen schließen sie den anderen die Tore von Eden, in seinem Namen verführen sie unerfahrene junge Damen, in seinem Namen begehen die Gläubiger im Namen der Mystik Unzucht und Ehebruch, in seinem Namen erwerben sie Eigentümer, usw.

Christus war ein gutes Geschäft für all diese Brüder der Theosophen, Rosenkreuzer, Aquarianisten, usw.

Die okkultistischen Schriftsteller schreiben größtenteils das, was sie gelesen haben, wiederholen wie Papageien die Theorien der anderen, sprechen von dem, was sie nicht kennen, sagen das, was sie nicht wissen, erklären Dinge, die sie noch nie erfahren haben, und sind voll von intellektuellem Stolz. Trotzdem sagen sie zynisch: „Ich bin ein Kind, ich besitze keinen Stolz, ich bin sehr einfach, usw."

„Heuchler, Pharisäer, getünchte Gräber, Generationen von Schlangen! In den Abgrund! In den Abgrund! In den Abgrund!"

Als wir daran dachten, dieses Buch an alle diese Schulen zu schicken, sagte einer unserer gnostischen Brüder: „Diese Schulen werden es nicht akzeptieren, sie werden es verstecken, weil es ihnen nicht gefällt. Seht ihr nicht, dass die Leiter dieser Schulen schrecklich eifersüchtig sind? Sie leben von ihren Schulen und Gruppen und fürchten, dass man sie stürzt."

So sprach unser gnostischer Bruder; natürlich war die Logik auf seiner Seite und wir mussten seine Meinung akzeptieren.

All diese Menschen leben vom Geschäft mit dem Christus, sie leben von ihren Geschäften. Einige folgen dem guten Dieb und andere dem schlechten Dieb, das ist die Wahrheit. So versteckt sich im Weihrauch des Gebetes das Verbrechen.

Es gibt viele gute Eigenschaften in den Bösewichten, und es gibt viel Boshaftigkeit in den Tugendhaften; die Heiligen haben auch viele schlechte Taten mit ihren Tugenden vollbracht. Ich sage euch wahrhaftig, meine Brüder, dass wir sogar mit den Tugenden anderen Schaden zufügen können, wenn wir sie nicht zu nutzen wissen. Liebe ist Gesetz, aber bewusste Liebe! Das Einverständnis mit dem Verbrechen ist auch ein Verbrechen.

7

Die Freimaurerloge verleiht Grade für Geld und gesellschaftliche Stellungen. Viele verkaufen Einweihungen, viele verleihen Einweihungen. All dies ist Ausbeutung und schwarze

Magie. Die authentischen Grade und die authentischen weißen Einweihungen erhält man im Bewusstsein. Die Einweihungszeremonien finden in den höheren Welten statt. Es sind persönliche Dinge des Bewusstseins, und davon spricht man nicht.

Niemand kann einem Anderen Einweihungen geben. Die Einweihung ist das Leben selbst.

In unserer heutigen Zeit wollen alle Meister sein. Wir sagen: Meister ist nur einer: der innere Christus jedes Menschen, der auf der Welt lebt; nur Er ist Meister, nur das strahlende Ich-Bin ist Meister. So gehören also alle Schulen, Orden und Logen der Theosophen, Rosenkreuzer, usw., dem Abgrund an. Zieht euch von diesen Orten des Abgrundes zurück! Zieht euch zurück!

8

So hat uns schon der Herr Jehova gesagt: „Ich habe dir immer geholfen, ich werde dir immer helfen, ich werde all jenen helfen, die schon die Schulen der Baale durchschritten haben."

Die Baale sind die Finsteren. Alle Schulen, Organisationen, Logen, Orden, Religionen und Sekten dieses Jahrhunderts gehören dem Abgrund an; das sind die Schulen der Baale, die am Tisch Isebels (die Unzucht) speisen und sich von den Speisen, die den Götzenbildern angebotenen werden, ernähren - Theorien, Intellektualismus, usw. Es gibt Sekten, bei denen die Menschen in Zungen reden und die Fanatiker glauben, dass diese Menschen den Heiligen Geist empfangen haben; das sind die armen Opfer, die von dämonischen Wesen besessen sind. Um den Heiligen Geist wirklich zu empfangen, muss man rein und keusch sein, denn wer Unzucht begeht, sündigt gegen den Heiligen Geist.

Jene Menschen, die sich dazu entschließen, das schwere Kreuz der Einweihung auf ihre Schultern zu laden, werden von den eigenen spirituellen Brüdern, die täglich über die Einweihung reden, verfolgt und sogar gehasst. Die Brüder der Theosophie, des Spiritismus, der Aquarianisten usw. hassen die Keuschheit, sie hassen sie, weil sie Wölfe im Schafspelz sind; sie verteidigen ihre geliebte Unzucht mit den höchsten Philosophien, und wenn man ihnen von der Sexualmagie erzählt, weisen sie diese sofort ab, denn sie lieben nichts mehr als die Unzucht.

Wenn du, mein Bruder, das schwere Kreuz der Einweihung auf deine Schultern laden willst, lass dich nicht von den Theorien dieser verlorenen Seelen hindern; all diese Finsteren kreuzigten Christus, all diese Finsteren kreuzigen den Christus und verstecken ihre Krallen in Samthandschuhen. Sie lächeln süß und sprechen unglaublich erhabene Worte, aber ihre Gedanken sind voller Verderbnis.

„Wehe euch, ihr scheinheiligen Schriftgelehrten und Pharisäer, ihr seid wie Gräber, die man nicht sieht, und über die die Menschen laufen, ohne es zu wissen!“

9

Um ein Eingeweihter zu werden, braucht man ein großartiges Gleichgewicht des Bewusstseins; man muss die Mächte entwickeln, aber nicht begehren, die Einweihung anstreben, sie aber nicht begehren, wissen, wie man die Tugenden im Herzen des Bösewichtes findet und die Boshaftigkeiten im Herzen des Tugendhaften.

Die Menschen beginnen, die Sexualmagie zu praktizieren und dann werden sie ihrer müde, sie scheitern wegen fehlender Ausdauer und Durchhaltekraft. Man kann keine Ausdauer haben, ohne bewusstes Bewusstsein dessen zu haben, was man tut; man kann kein bewusstes Bewusstsein haben, ohne gelitten zu haben.

Diese Menschheit braucht noch viel Leid. Die Menschen wollen alles in einem Tag erreichen, selten gibt es jemanden, der das ganze Leben lang durchhält. Die Menschen haben noch keine moralische Verantwortung. Die Menschen flattern von einer Schule zur anderen und deshalb scheitern sie.

Der Gnostiker, der sich von der gnostischen Bewegung zurückzieht, ist ein absolut verantwortungsloser Mensch, ein

Embryo, ein Fötus ohne irgendeine Reife. Der reife Gnostiker würde eher sterben, als sich von der Gnosis loszusagen.

Um das perfekte Gleichgewicht zwischen Licht und Finsternis zu erreichen, muss man ein praktizierender Adept werden. Kein Fanatiker könnte dieses perfekte Gleichgewicht erreichen.

Aus großen Bösewichtern werden große Heilige geboren. Und die Heiligen können sich leicht in Dämonen verwandeln, denn wer das Licht schon gesehen hat, ist näher am Abgrund, als der, der es noch nicht gesehen hat.

10

In der Welt des Verstandes gibt es herrliche Säle voller Licht und Schönheit, und dort finden wir schwarze Magier, die Meistern des unsagbaren Lichtes gleichen.

Diese Finsteren sprechen nur von göttlichen Dingen, aber in ihren so erhabenen Philosophien raten sie uns, den Samen zu vergießen. Viele Eingeweihte wissen nicht, wie sie diesen leuchtenden Versuchungen widerstehen können und fallen in den Abgrund.

Moses, der große Eingeweihte, verdammt den Samenerguss, indem er sagt: „Hat ein Mann Samenerguss, soll er seinen ganzen Körper in Wasser baden und ist unrein bis zum Abend. Jedes Kleid und jedes Lederstück, auf das Samen gekommen ist, muss mit Wasser gesäubert werden und ist unrein bis zum Abend. Schläft ein Mann, der Samenerguss hat, mit einer Frau, müssen sie sich beide in Wasser baden und sind unrein bis zum Abend.“ (Lev. XV, 16 bis 18)

So hält Moses den Samenerguss also für unrein.

Der Finstere Parzival Krumm-Heller und der schreckliche schwarze Zauberer Cherenzi lehren den Samenerguss. Was für Zyniker! Was für Schurken! Diese Finsteren lehren negative Sexualmagie. Sie ejakulieren den Samen während ihrer Kulte negativer Sexualmagie.

Diese Art von Kulten stammt vom Kult der schrecklichen Göttin Kali. Der Orden Kula und seine Göttin Kali stammen von der schwarzen Magie der Atlanter ab; heute existiert dieser Orden der Göttin Kali in Indien. Mit diesen tantrischen Kulten erwacht die Schlange auf negative Weise und steigt in die atomaren Höllen des Menschen ab. Dann verwandelt sie sich in den schrecklichen Schwanz der Dämonen. Auf diese Weise betrügen die Finsteren die Einfältigen.

„Das sind die Taten der Nikolaiten, die ich ebenfalls verabscheue."

Durch diese Kulte starben die Kanaanäer und die Bewohner von Karthago, Tyros und Sidon; durch diese schrecklichen Praktiken versank Atlantis. Das sind die Kulte, mit denen die Menschen sich in die Bestie mit sieben Häuptern verwandeln, von der die Apokalypse spricht; dies ist die schreckliche Praktik der lemurisch-atlantischen Monster.

Jeder Lehrer, der lehrt, den Samen zu vergießen, ist ein schwarzer Magier.

11

In der Regel sind viele der Menschen, die sich der Gnosis anschließen, so eitel und dumm, dass sie glauben, dass dies eine Schule wie jede andere ist; diese armen Menschen irren sich leider, denn die Gnosis verlässt man als Engel oder als Teufel.

Das ist die schreckliche Wahrheit dieser Studien. Wer anstrebt, Kräfte zu entwickeln und nicht heilig wird, verwandelt sich in einen Dämon. Wer die Gnosis in ein Geschäft verwandeln will, verwandelt sich in einen Dämon.

Die Menschen sind daran gewöhnt, gemäß ihrer Interessen, Eitelkeiten und Vorurteile zu denken, und wenn man in die Gnosis eintritt, muss man sterben, um zu leben.

Die Intellektuellen taugen für diese Studien nicht, denn diese sind sehr schwer für sie. Sie wollen den Verstand vergrößern und in Wirklichkeit muss man den Verstand töten und ihn dann vollständig transformiert wieder auferstehen lassen.

Das verstehen die Intellektuellen nicht, und deshalb taugen sie nicht für die Gnosis; sie verstehen diese Dinge nicht.

Das versteht man nicht mit der Vernunft und auch nicht mit dem Intellekt, das ist eine sehr tiefe Bewusstseinsangelegenheit.

Viele gnostische Brüder sind voller Unbeständigkeit: erst sind sie fest und entschlossen und dann schwach und zweifeln, sie sind in der Gnosis und sind es nicht, sie sind hier und sind es nicht.

Das sind die Antichristen, die das Wort hören und dann entfliehen, diejenigen, die Christus zugehört haben und dann in die Finsternis zurückkehren, weil das Wort ihnen hart erscheint; das sind die perversen Verräter, die später die Menschen aufhetzen, es sind die Judasse, die Christus für dreißig Silbermünzen verkaufen. Wenn sie das Wort hören, sind sie voller Glauben und dann lassen sie sich erneut von der Finsternis verwirren und schimpfen gegen das Wort des Herrn.

Für sie wäre es besser, nie geboren worden zu sein oder sich einen Mühlstein um den Hals zu hängen und sich in die Tiefen des Meeres zu stürzen.

"Es ist der Geist, der lebendig macht, das Fleisch dient zu nichts. Die Worte, die ich euch gegeben habe, sind Geist und sind Leben. Aber es gibt einige von euch, die nicht glauben, denn Jesus wusste von Anfang an, wer diejenigen waren, die nicht glaubten, und die ihn verraten würden.

Und er sprach: Deshalb sage ich euch, dass niemand zu mir kommen kann, wenn es nicht durch den Vater gegeben ist. Von da an wandten sich viele Jünger von ihm ab und begleiteten ihn nicht mehr."

Diese Schwächlinge, die da sind und nicht da sind, die sich zurückziehen, sind die Finsteren, die Judasse, die perversen Antichristen.

12

Unsere Schüler sollten es vermeiden, so viel Zeitung zu lesen. In einer Versammlung von Journalisten in den Vereinigten Staaten sagte eine junge Journalistin wortwörtlich Folgendes: „Wir Journalisten sind die Prostituierten der Intelligenz."

Es ist also nicht gut, so viel Zeitung zu lesen; das bedeutet „den Verstand prostituieren".

Wir müssen einen reinen und einfachen Verstand haben, den Verstand eines Kindes; nur so werden wir in die großen Mysterien eintreten können.

Die Intellektuellen sind so dumm, dass sie wegen eines Punktes oder Kommas den ganzen Sinn des Satzes verlieren. Der intuitive Gnostiker versteht alles mit einem einzigen Wort.

All diese Sprachlehrer, all diese Kreise von modernen Akademikern, all diese komplizierten Intellektuellen unserer Zeit sind nichts als Masturbatoren der Intelligenz, Prostituierte des Verstandes.

Wir müssen uns von jeder Art von Sekte, Religion, Schule, politischer Partei und Patriotismus, usw. befreien. All das ist der Schmutz der großen Hure, deren Nummer 666 ist.

13

Unsere gnostischen Schüler müssen sich vor den Betrügern sehr in Acht nehmen. In der Republik Kolumbien schwor Herr Israel Rojas R., Leiter des antiken Rosenkreuzerordens, dass ein gewisser Bhekpati Sinha ein großer Meister aus Indien sei, Schüler von Gandhi und tausend andere ähnliche Dinge. In Cali aß ein Fanatiker sogar die Reste des Essens jenes Herrn. Alle Spiritualisten Kolumbiens knieten vor dem anbetungswürdigen Betrüger nieder. Glücklicherweise fehlt es nicht an intelligenten Menschen: einem unserer Schüler kam es in den Sinn, den anbetungswürdigen Betrüger nach seiner Adresse in Indien zu fragen, und der Betrüger gab die Adresse des Yogi Sivananda. Es gibt ein volkstümliches Sprichwort, das sagt, Lügen haben kurze Beine.

Bald kam die Antwort der Divine Life Society, deren Original bei mir ist und die übersetzt wortwörtlich Folgendes sagt:

Dr. Kattan Umana Tamines

Cali, Columbien, S.A.

Anbetungswürdiges und unsterbliches Wesen, sei gegrüßt und geehrt.

Bezüglich ihres liebenswürdigen Briefes möchte ich Sie informieren, dass der in Ihrem Brief erwähnte Herr Bhekpati Sinha keine Verbindung mit den Aktivitäten der Divine Life Society hat, und mir vollkommen unbekannt ist. Die Welt ist groß genug für alle Menschen. Der Kluge oder Weise muss in sich selbst unterscheiden, und für sich selbst sein eigenes Ziel verfolgen und gleichzeitig die Befreiung der Anderen anstreben.

Der spirituelle Pfad wird „der Pfad auf Messers Schneide" genannt: er ist voller Hindernisse innerlich und äußerlich.

In der Stille des eigenen Herzens inkarniere den Stillen oder Innersten.

Möge der Allmächtige alle mit Frieden, Glück und höchster Seligkeit segnen. Mit meiner Hochachtung und Meditation in OM.

Euer Sivananda

Wo waren also die wundervollen Fähigkeiten des Rosenkreuzerführers? Kann diese Art von Blinden Führer sein?

Wir raten den Schülern, niemandem zu folgen, sondern sich selbst zu folgen. Jeder muss seinem strahlenden und leuchtenden inneren Sein folgen, jeder muss sein eigenes Ich-Bin verehren.

Wir bitten und flehen unsere Schüler an, uns nicht zu folgen, wir wollen keine Anhänger oder Jünger. Wir haben dieses Buch geschrieben, damit ihr, unsere Freunde auf eueren eigenen inneren Meister hört, auf euer strahlendes Ich-Bin. Er ist euer Meister, folgt ihm.

Nehmt euch vor den vielen Avataren in Acht, die in der heutigen Zeit auftauchen, nehmt euch vor den Betrügern in Acht, nehmt euch vor den sexuellen Versuchungen in Acht.

Geht niemals zu spiritistischen Zentren, die Medien können euch leicht vom Weg abbringen. Viele Schüler sind schrecklich gefallen, wegen dieser drei gefährlichen Gründe. Flieht vor diesen drei großen Gefahren, damit ihr eure Einweihungen und Grade nicht verliert.

14

Die esoterische Disziplin ist sehr streng.

Wir dürfen die Heiligkeit nicht mit der Scheinheiligkeit verwechseln. Die scheinheiligen Menschen haben die Welt mit Tränen gefüllt. Der fanatische Scheinheilige erschrickt vor allem. Ein finsterer Scheinheiliger sagte, als er die mexikanische Skulptur des Fledermausgottes sah, dass dies schwarze Magie sei. Für den Scheinheiligen sind sogar die göttlichsten Dinge schwarze Magie. Die Meisterin Litelantes wurde von den spirituellen Schwestern kritisiert, weil sie nicht mit ihren Scheinheiligkeiten einverstanden war, die Scheinheiligen hassten sie, weil sie nicht an ihrem Geschwätz teilnahm, denn sie sagen viel und tun nichts, und sprechen von dem, was sie nicht wissen.

Der Scheinheilige flattert von einer Schule zur anderen und sitzt immer in bequemen Sesseln; der Scheinheilige hasst die Sexualmagie und lebt immer voller Angst. Der Scheinheilige erfreut sich an den Theorien und glaubt sich im Reich der Übermenschen. Der Scheinheilige ist so dumm, dass er, wenn er Gandhi oder Jesus Christus Fleisch essen sehen würde, er es wagen würde, sie zu exkommunizieren; diese Art von Scheinheiligen ist immer fanatisch, immer ängstlich und immer unzüchtig.

Die Scheinheiligen glauben immer, dass Jesus Christus ein Dummkopf voller Scheinheiligkeit war. Diese Papageien des Aquarius, der Theosophie, des Spiritismus, der Rosenkreuzer, usw. irren sich, Jesus Christus war ein unglaublicher Revolutionär, ein sehr strenger aber außergewöhnlich sanfter Meister; so ist die Heiligkeit, streng und sanft.

Der wahre Heilige ist ein vollkommener Herr, der die Zehn Gebote des Gesetzes Gottes vollständig erfüllt, und der sein Schwert zu führen weiß, wenn er es braucht, um das Gute, die Wahrheit und die Gerechtigkeit zu verteidigen. Der wahre Heilige sagt es nie und man erkennt ihn immer durch seine Taten.

„Durch ihre Taten werdet ihr sie erkennen."

15

Die hochmütigen und stolzen Hellseher verleumden den Nächsten und füllen die Welt mit Tränen. Der Hellseher muss so ruhig sein, wie ein See im Nirvana; dann spiegelt sich in diesem reinen See das ganze Panorama des Universums. Auf den wilden Wassern eines Verstandes voller Gedanken, Stolz, sozialer Vorurteile, spirituellen Plattitüden, Zorn, Egoismus, usw. spiegeln sich nur die finsteren Bilder des Abgrundes wider.

Auf der Oberfläche des Wassers spiegeln sich die Bäume umgekehrt wider. Jeder Meister der Herrlichkeit hat auch seinen Schatten im Abgrund, und wenn der Hellseher voller Vorurteile ist, hält er den Schatten für die Wirklichkeit. So sind die großen Meister der Weißen Loge immer von den Hellsehern verleumdet worden.

Der Hellseher, voller vorgefasster Meinungen und Vorurteile weist die belaubten Bäume des Lebens zurück und wird von deren finsteren Schatten, die sich wie Dämonen des Abgrundes umgekehrt in der Tiefe des Wassers abzeichnen, verzaubert. Viele Hellseher, die uns erst lobten, bewarfen uns später mit Steinen, verleumdeten uns und kreuzigten uns, als sie aus diesem oder jenem Grund ihre Ansichten änderten. Wahrlich, wenn die Vorstellungskraft durch die Stürme der Gedanken aufgewühlt wird, bewölkt sich der sternenbedeckte Himmel des Geistes und dann hält der Hellseher die Schatten für die Wirklichkeit selbst.

Wenn die hellsehenden Bodhisattwas fallen, werden sie schlimmer als Dämonen. Der gefallene hellsehende Bodhisattwa glaubt sich allmächtig, wird eitel, verwechselt die Dinge und hält die Schatten für die Wirklichkeit selbst. Er verleumdet die großen Meister, beschädigt Familien, sagt, was er nicht weiß, erklärt mit Autorität, was er nicht versteht, akzeptiert niemals seine Position des gefallenen Bodhisattwas und glaubt sich sogar seinem Lehrer überlegen.

Die esoterische Disziplin ist sehr streng. Der Hellseher darf den anderen niemals seine Visionen erzählen, sonst verliert er seine Kräfte.

Der Hellseher muss sehr demütig, klug, gehorsam, mild, keusch, respektvoll und gemäßigt in seinen Worten sein, rein in seinen Gedanken, in seinen Worten und in seinen Werken. Der Hellseher muss wie ein Kind sein.

16

Was man wirklich wissen muss, ist zu leben; viele Brüder der Rosenkreuzer, Theosophen, usw. wissen nicht zu leben. Goethe sagte: „Alle Theorie ist grau, nur der Baum mit den goldenen Früchten, der das Leben ist, ist grün."

Die Weiße Loge hat uns informiert, dass viele Gnostiker, die sich bewusst oder unbewusst in der schwarzen Magie befinden, sich aus der Gnosis zurückziehen werden; das Wort wird ihnen sehr hart erscheinen und die Reaktion dieser Deserteure wird sein, dass sie uns verleumden und ihre verleumderischen Vorstellungen gegen uns ausposaunen. Wir warnen die Neugierigen, dass die Gnosis keine Schule ist, wie die übrigen, die sie kennengelernt haben. Viele werden gehen zu den Theosophen und verlassen sie dann später, gehen dann zu den Rosenkreuzern und verlassen sie auch ohne das etwas geschieht; sie flattern von einer Schule zu anderen, schimpfen auf alle Bösewichte der Spiritisten, Theosophen, Rosenkreuzer, Aquarianisten, usw. und nichts geschieht, wenn sie die Schule wechseln.

Sie glauben, dass sie mit der Gnosis dasselbe machen können, aber wir warnen sie, dass derjenige, der in die Gnosis eintritt, innerlich der schrecklichen Probe des Hüters der Schwelle unterworfen wird. Wenn er als Sieger hervorgeht, betritt er den engen, schmalen und schwierigen Weg, der uns zum Nirvana führt; dann kommen die Grade, die Einweihungen, die Proben, usw. Je höher der Schüler steht, desto schrecklicher ist der Fall. Jene, die das Licht nicht gesehen haben, wissen nicht viel und deshalb wird ihnen viel vergeben; je höher jedoch der Bewusstseinsgrad ist, desto größer ist die Verantwortung. Wer das Licht gesehen hat und sich dann zurückzieht, verwandelt sich in einen Dämon. Vielen Bodhisattwas sind auf der Stirn des Astralkörpers Hörner gewachsen und sie haben sich in Dämonen verwandelt; so bringt also die Gnosis Engel oder Teufel hervor. Viele rutschen nach einem falschen Tritt weiter in den Abgrund und am Ende wachsen ihnen Hörner und sie verwandeln sich in Dämonen. Das ist die schreckliche Wahrheit der Gnosis.

„Wer Weisheit vermehrt, vermehrt Leid." Zurück, ihr Neugierigen! Zurück, ihr Schänder!

Die Gnosis ist ein Schwert mit zwei Schneiden: die Demütigen und Tugendhaften verteidigt es und schenkt ihnen Leben; die Neugierigen und Unreinen verletzt und zerstört es.

17

Die esoterische Disziplin ist wirklich schrecklich. Es gibt fanatische Aquarianisten, Theosophen, usw., die mit dem Verstand die schlimmsten Verbrechen begehen. Wenn sie vermuten, dass jemand etwas Böses tut, machen sie den Innersten verantwortlich und verleumden diese Menschen, indem sie sagen: „Der Innerste sagt mir alles."

Sie spüren Zorn und rufen aus: Ich bin nicht zornig, was ich fühle, sind intuitive Impulse des Innersten! Jede schlechte Idee, jeden schlechten Gedanken schieben sie ihrem inneren Gott unter. Diese Menschen verwechseln die Intuition mit der Arglist, die Stimme der Stille mit der Stimme Satans. Wir sagen: die Stimme der Stille sagt nie Scheußlichkeiten, sie ist vollkommen; die Stimme Satans sagt nur Verderbtheiten. Im Abgrund nehmen die schwarzen Magier die Gestalten unserer Freunde an und sagen und machen schreckliche Dinge vor dem Eingeweihten. Wenn der Eingeweihte sich von diesen Finsteren betrügen lässt, dann verwandelt er sich in einen Verleumder. Die Verleumdung ist schlimmer als Diebstahl. Die verleumderischen Eingeweihten versinken im Abgrund und verlieren ihre Grade und Einweihungen, d. h. sie fallen.

Die Eingeweihten, die in weit zurückliegenden Zeitaltern Dämonen des Abgrundes waren, sind heute wundervolle Menschen; sie lassen sich nicht mehr von den Finsteren betrügen, sie kennen die Dämonen sehr gut. Diese Art von Eingeweihten kann kein Finsterer betrügen, sie wissen, was der Abgrund ist, und sind große Experten auf diesem Gebiet und wissen sehr gut, was der Baum der Erkenntnis des Guten und des Bösen ist.

Die Eingeweihten, die den Abgrund in früheren Zeiten nicht kennenlernten, sind heute naive Opfer der Finsteren; diese Art von Eingeweihten wird leicht von den Finsteren betrogen, und sie verwandeln sich in Verleumder, beschimpfen die anderen und fallen in den Abgrund. Um Götter zu werden, muss man den Baum der Erkenntnis des Guten und des Bösen vollständig kennen.

18

In der Lehre des Christus wurden die scheinheiligen Pharisäer beschrieben. Wenn ein Blinder einen Blinden führt, fallen beide in den Abgrund.

Wir kennen einen heuchlerischen Pharisäer, der den heiligen Wein zurückwies, weil die Trauben gegoren waren. Jemand nahm ihn in seinem Haus auf, und er floh entrüstet, weil die Hausherren Fleisch aßen. Dieser perverse Pharisäer war ein Anhänger des schrecklichen schwarzen Magiers Laferriére. Heuchlerische Pharisäer! „Begreift ihr nicht, dass alles, was durch den Mund hineinkommt, in den Magen gelangt und dann wieder ausgeschieden wird?

Was aber aus dem Mund herauskommt, das kommt aus dem Herzen, und das macht den Menschen unrein.

Denn aus dem Herzen kommen böse Gedanken, Mord, Ehebruch, Unzucht, Diebstahl, falsche Zeugenaussagen und Verleumdungen." (Matthäus 15: 17-19)

„Ihr Pharisäer ihr reinigt die Becher und Teller äußerlich, aber eure Inneres ist voller Raubgier und Bosheit." (Matthäus 23: 25)

Die Meisterin Litelantes wurde von den Pharisäern kritisiert, weil sie Fleisch aß; sie antwortete: „Zuerst werde ich meine Fehler korrigieren, und nachdem ich sie korrigiert habe, werde ich aufhören Fleisch zu essen."

Die Pharisäer wandten sich dann wütend gegen diesen großen Guru des Gesetzes.

Viele heuchlerische Pharisäer hassen uns, weil wir das Verbrechen verdammen. Sie sagen, dass wir hassen. So richten sie uns fälschlicherweise, weil wir mit den Huren nicht einverstanden sind.

All diese heuchlerischen Pharisäer des Spiritismus, der Theosophie, der Rosenkreuzer, des Aquarianismus, usw. wollen einen scheinheiligen Meister, einen Meister, der mit dem Verbrechen einverstanden ist, eine Hure des Geistes, die nachsichtig von einer Loge zur anderen, von einer Schule zur anderen, von einer Sekte zur anderen geht. Wir, die wir die Menschheit wahrhaftig lieben, werden von den heuchlerischen Pharisäern gehasst. Wir kennen einen heuchlerischen Pharisäer, der sich das Haupthaar und den Bart wachsen ließ, um die Einfältigen zu betrügen; dieser Pharisäer sagte, dass er das Gelübde des Nazareners abgelegt hätte. Wissen seine Anhänger nicht, dass das rituelle Gesetz mit der Ankunft des Christus aufgehoben wurde? Die genannten Gelübde dienten ihm als Vorwand, um Seelen zu betrügen.

Eine verheiratete Frau entschloss sich, ihre heiligen Pflichten als Ehefrau zu verlassen, um - wie sie sagte - als Magdalena dem angebeteten Betrüger zu folgen. Heuchlerische Pharisäer, getünchte Gräber, perverse Schlangenbrut, in den Abgrund!

19

Der Zustand der Theosophen, Rosenkreuzer, Aquarianisten, usw. ist beschämend, es schmerzt, sie beim Diskutieren und Streiten über Dinge, von denen sie nichts wissen, zu sehen; sie sprechen über das Karma und haben noch nie mit einem Meister des Karma gesprochen, sie diskutieren intellektuell über den Kosmos und wissen nicht, wie man mit dem Astralkörper reist, sie haben noch nie persönlich mit einem Engel gesprochen; sie diskutieren nur, weil sie etwas gelesen haben, das ist alles.

Das Schlimmste an dem Fall ist, dass sie glauben, dass sie alles wissen. Arme Menschen ... und dieser Stolz, den sie haben ... sie sind bemitleidenswert. Wir haben mächtige erleuchtete Meister kennengelernt, die noch nie ein Buch gelesen haben, und wir haben auch große intellektuelle Spiritualisten kennengelernt, die vollkommen unwissend, aber voller Stolz waren.

Die spirituellen Schwestern, die viel gelesen haben, sind noch schlimmer: sie sind voller schrecklicher Eitelkeit; es ist beschämend, zu sehen, wie sie sprechen, wie sie über Dinge diskutieren, die sie noch nie gesehen haben: sie sprechen über die Reinkarnation und erinnern sich nicht an ihre vergangenen Leben, sie sprechen über das Karma und haben die Richter des Karma noch nie bewusst besucht, sie diskutieren über die Kosmogenese und waren noch nie im Astralkörper bei der Morgendämmerung einer neuen Welt, sie sprechen mit Autorität über das, was sie noch nicht gesehen haben, und lehnen sich dann stolz in ihren bequemen Wohnzimmersesseln zurück.

Gewöhnlich beten diese Schwestern erhabene Betrüger mit langen Bärten und langem Haar an; gelegentlich werden sie zu Spiritistinnen und dann sind sie die Inkarnationen von berühmten

Frauen, alle werden zu Marie Antoinette, Jeanne d'Arc oder Maria Magdalena, keine will klein sein, alle sind „groß".

Die wahren erleuchteten Meisterinnen sprechen nie von sich.

Die wahren Schüler und Meister sind jene, die bewusst im Astralkörper zu reisen wissen. Die Brüder und Schwestern, die sich an ihre vergangenen Leben erinnern, und die im Astralkörper die Tempel der Mysterien besuchen können, sind wahrhaftig Erleuchtete; sie sprechen nie darüber, sie besitzen das wahre Wissen.

20

Diejenigen, die mit dem Astralkörper zu reisen wissen, diejenigen, die ihre Schulden beim Gericht des Karmas regeln können, diejenigen, die die Lehre direkt von den Mysterientempeln erhalten, diejenigen, die sich an ihre vergangenen Inkarnationen erinnern, diejenigen wissen alles, auch wenn sie noch nie ein einziges Buch über den Okkultismus gelesen haben, auch wenn sie auf der Welt nichts als arme Analphabeten sind, auch wenn sie nichts als traurige Köche oder wilde Indianer sind; diese Menschen haben das wahre Wissen.

Wir kennen zwei mächtige Erleuchtete, die sehr einfach sind: der eine ist ein wilder Indianer der Sierra Nevada von Santa Marta, Kolumbien; der andere ist der mächtige Guru Litelantes, die große Meisterin der kosmischen Gerechtigkeit.

Diese zwei mächtigen Eingeweihten genießen das Privileg, das ständige Bewusstsein zu besitzen. Durch diese privilegierten Voraussetzungen besitzen diese beiden Eingeweihten Wissen, das man niemals niederschreiben könnte, denn wenn man es niederschreiben würde, würde man es entweihen.

Die großen Intellektuellen, die diese beiden Gurus kennenlernten, betrachteten sie mit Geringschätzung, weil diese Eingeweihten nicht wie Papageien redeten, weil sie nicht voller

Scheinheiligkeit waren, weil sie keine Intellektuellen waren, weil sie ihre esoterischen Angelegenheiten nicht herumerzählten.

Wir haben andere kennengelernt, die das Bewusstsein nur ab und zu sporadisch erwecken. Sie sind nichts als Anfänger in diesen Angelegenheiten. Das Wichtige ist, das ständige Bewusstsein auf der Astralebene zu besitzen, dafür haben wir die Praktiken und Schlüssel in diesem Buch gegeben.

Wer nicht bewusst mit dem Astralkörper reisen kann, kennt den Okkultismus nicht, auch wenn er im Freimaurerverein den Grad 33 besitzt, auch wenn er Aquarianist ist, auch wenn er sich Theosoph nennt, oder sich selbst als Rosenkreuzer klassifiziert.

Jeder kann Bücher über den Okkultismus lesen oder schön theoretisieren, aber das bewusste Bewusstsein der okkulten Weisheit zu haben, ist eine andere Sache.

Die wahre okkulte Weisheit wird in den inneren Welten studiert. Wer nicht weiß, wie man mit dem Astralkörper reist, weiß nichts vom Okkultismus.

Die beiden Zeugen

„Dann wurde mir ein Messstab gegeben, der aussah wie ein Stock, und mir wurde gesagt: Geh, miss den Tempel Gottes und den Altar und zähle alle, die dort anbeten!“ (Off. 11: 1)

Dieser Stab ist unser Rückgrat; entlang dieses Stabes gibt es einen Kanal, durch den das Feuer des Heiligen Geistes aus unseren Sexualorganen aufsteigt.

Dieses Pfingstfeuer gleicht einer brennenden und unglaublich göttlichen Schlange. Das Wichtigste ist, die Frau zu lieben wissen, das Wichtigste ist, uns vom Sexualakt zurückzuziehen, ohne den Samen zu vergießen: so erwacht das Feuer des Heiligen Geistes, so erhebt sich die brennende Schlange aus unseren schöpferischen Organen.

Es gibt nichts Erhabeneres, als die Liebe, den Kuss und den Sexualakt. Der Samen verwandelt sich in Samendampf, wenn wir ihn nicht vergießen, die Samendämpfe verwandeln sich in Energien und die sexuellen Energien teilen sich in positive und negative Energien; die positiven sind die solaren, und die negativen sind die lunaren. Diese solaren und lunaren Strömungen steigen bis zum Gehirn auf.

Die solaren Strömungen stehen mit dem linken Nasenloch in Verbindung, und die lunaren mit dem rechten. Aus unseren Sexualorganen steigen zwei sympathische Nervenstränge auf, die die beiden Kanäle sind, die sich um das Rückenmark winden bis zum Gehirn. Durch dieses Paar von Kanälen steigen die solaren und die lunaren Strömungen bis zum heiligen Kelch auf, welcher das Gehirn ist.

Bruder, fülle deinen Kelch mit dem heiligen Wein des Lichtes. „Und ich will meinen zwei Zeugen auftragen, im Bußgewand aufzutreten und prophetisch zu reden, zwölfhundertsechzig Tage lang.“ (Off. 11: 3)

Diese beiden Zeugen sind die zwei sympathischen Nervenstränge, die zwei heiligen Stränge, die sich im Rücken von Xilonen, der symbolischen Skulptur der Azteken befinden.

„Sie sind die zwei Ölbäume und die zwei Leuchter, die vor dem Herrn der Erde stehen. Wenn ihnen jemand Schaden zufügen will, schlägt Feuer aus ihrem Mund und verzehrt ihre Feinde.

Und wenn irgendjemand ihnen Schaden zufügen will, ist es wichtig, dass er so getötet wird.“ (Off. 11: 4, 5)

Unsere beiden sympathischen Nervenstränge sind schrecklich göttlich. Wenn die solaren und lunaren Atome sich im Steißbein vereinen, dann erwacht die Schlange des Feuers. Deshalb haben die beiden Zeugen eine so schreckliche Kraft.

„Sie haben Macht, den Himmel zu verschließen, damit kein Regen fällt in den Tagen ihres Wirkens als Propheten. Sie haben auch Macht, das Wasser in Blut zu verwandeln und die Erde zu schlagen mit allen möglichen Plagen, sooft sie wollen.“ (Off. 11: 6)

Wie schön erscheinen sie auf dem Rücken der Aztekin Xilonen! Sie erwecken die Feuerschlange, die von den Indern Kundalini genannt wird; die Azteken nennen sie Quetzalcoatl und die Klapperschlange ist ihr Symbol.

Das ist das Feuer des Heiligen Geistes. Wenn die Schlange erwacht, zischt sie wie die Schlangen aus Fleisch und Blut. Ihr süßes und sanftes Zischen ist wie ein göttlicher Klang ähnlich dem Klappern einer Schlange oder das zarte Zirpen einer Grille.

Diese sexuelle Schlange, die in ihrem inneren Aufbau siebenfach ist, wird mit dem brennenden Kuss und der Sexualmagie erweckt und hat die Macht, die sieben Kirchen unseres Rückgrats zu öffnen und uns in Götter zu verwandeln. Nur die beiden Zeugen haben die Kraft, sie zu erwecken und den Himmel zu öffnen. Die Formel, um die Schlange zu erwecken, ist die Folgende: Das männliche Glied in die Scheide der Frau einführen und es herauszuziehen, ohne den Samen zu vergießen.

In dem Maße, in dem der Schüler die Sexualmagie praktiziert, wird er sich reinigen, und unvermeidbar wird er in seinem Bewusstsein die neun Einweihungen der niederen Mysterien erhalten. Diese neun Einweihungen sind nichts als der esoterische Prüfungspfad. Es kann geschehen, dass der Schüler die geheimen Dinge der neun Einweihungen in der physischen Welt nicht bemerkt, denn diese Dinge geschehen im Bewusstsein, und wenn der Schüler nicht weiß, wie man die Erinnerungen zum physischen Gehirn bringt, ist es nur logisch, dass er diese so innerlichen Dinge des Bewusstseins in der physischen Welt nicht weiß.

Die beiden Zeugen haben die Macht, das Feuer des Heiligen Geistes in uns zu erwecken. Die Schlange erhebt sich langsam in dem Maße, in dem wir uns reinigen. So bereiten wir uns für die neun Einweihungen der höheren Mysterien vor.

Die niederen Mysterien sind nichts als der Pfad der Vorbereitung für die großen Mysterien. Die niederen Mysterien sind auch eine Kette, die wir zerreißen müssen, und sie zerreißt nur, wenn wir die höheren Mysterien erreichen.

Die beiden Zeugen haben die Macht, die Schlange bis zum Atom des Vaters, der in der Nasenwurzel wohnt, zu erheben; dann erhalten wir die erste Einweihung der höheren Mysterien.

Verwandelt eure sexuellen Energien und verlasst die spirituellen Schulen, diese sind Stätten der mystischen Unzucht, Sodomie, Homosexualität und Masturbation. Wir lernten in Barranquilla, Kolumbien, einen Mann kennen, der sich Meister nannte. Dieser Mann lebte immer von Kindern umgeben, bis die Polizei entdeckte, dass er ein Kinderschänder und Homosexueller war. Jener schwarze Magier nannte sich freier Buddhist und die Einfältigen glaubten ihm und sprachen zu sich: Er ist ein großer Meister, deshalb lebt er immer von Kindern umgeben. Alle verbeugten sich vor dem ehrwürdigen Meister Cardonal – so hieß dieser erhabene Homosexuelle. In Barranquilla lebt immer noch eine arme alte Spiritistin, die den Meister Cardonal anbetet; diese arme Großmutter spielt mit Jesus Christus Schach, sie steht auf du und du mit Gott und leitet einen Verein von Unzuchttreibern mit dem Namen „Sociedad Fraternidad Universal".

Wir lernten einen Schüler von Cherenzi kennen, der seit 25 Jahren masturbiert. Dieser Herr ist ein Mystiker, der Cherenzi, den „Sänger der angenehmen Laster" anbetet.

Das ist der Spiritualismus des 20. Jahrhunderts, eine schreckliche und widerliche Mischung aus Mystizismus und Unzucht, Wollust, Homosexualität, Ehebruch, Betrug, mystischem Raub, Ausnutzung, sexueller Korruption, usw.

All diese unzüchtigen, schmutzigen und schurkenhaften Perversen geben sich als erhabene Meister, Gurus, Avatare, große Reformatoren, usw. aus. Niemand will klein sein, alle glauben, sie seien groß und mächtig.

Wir sagen euch: Praktiziert die Sexualmagie und verlasst diese Stätten der Boshaftigkeit für immer, sucht euer inneres Ich-Bin, Er ist der Einzige, der euch retten kann. „Ich bin das Alpha und das Omega, der Erste und der Letzte, der Anfang und das Ende. Selig, wer die Gebote befolgt: Er hat Anteil am Baum des Lebens, und er wird durch die Tore in die Stadt eintreten können. Draußen bleiben die «Hunde» (Theosophen, Rosenkreuzer, Aquarianisten, Spiritisten, Katholiken, usw.) und die Zauberer, die Unzüchtigen und die Mörder, die Götzendiener und jeder, der die Lüge liebt und tut." 1 (Off. 22: 13-15)

Die zwei Zeugen schließen all diesen perversen Spiritualisten die Türen von Eden. „Die zwei Zeugen sind schrecklich göttlich. Sie haben die Gewalt, den Himmel zu schließen, damit es in den Tagen ihrer Prophezeiung nicht regnet, und sie haben Macht über das Wasser, um es in Blut zu verwandeln, und um der Erde mit all ihren Seuchen zu schaden, so oft sie wollen. Das sind die zwei Oliven und die zwei Leuchter, die sich vor dem Gott der Erde befinden."

In Indien sind sie als Ida und Pingala bekannt; das sind ihre indischen Namen. Man muss die Sexualmagie ausüben und die Freudenhäuser, welches die spirituellen Schulen sind, verlassen.

Wir lernten eine Familie kennen, in dem die Frau leider den absurden Komplex hatte, Schulen zu vereinigen. Der Ehemann kam nach Hause und statt Frieden, Zärtlichkeiten und Ruhe traf er Theosophen, Rosenkreuzer, Aquarianisten, Spiritisten, Freimaurer, usw. an.

All diese Menschen bildeten ein Durcheinander von unerträglichem Geplapper, das dem armen Mann keine Ruhe ließ, sodass er schließlich das Haus verließ. Der Mann suchte sich eine andere Frau und seine Ehefrau behielt ihren Papageienkäfig.

Der Spiritualismus dieses Jahrhunderts ruft nur Übelkeit hervor. All diese Papageienkäfige sind voller mystischer Diebe, ehrbarer Huren, göttlicher Betrüger, erhabener Schwätzer, Seelenmörder, usw.

Wer einem Spiritualisten Arbeit gibt, setzt sich der Gefahr aus, beraubt zu werden. Wer in seinem Haus einen solchen Spiritualisten aufnimmt, kann sicher sein, dass er seine Frau, Tochter oder sein Eigentum verliert. Die spirituellen Brüder sind gefährlich, und natürlich finden sie immer einen Ausweg, um das schlimme Problem, das wir euch erklärt haben, zu umgehen. Dieser Ausweg ist das Wort Hass.

Sie sagen, dass wir diejenigen sind, die hassen, dann stellen sie uns einen von ihnen erfundenen Christus vor: einen schwachen, verweiblichten, dem Verbrechen gegenüber toleranten Christus, einen Komplizen der Huren und der Pharisäer, einen feigen Christus, der die Händler nicht aus dem Tempel warf, einen Christus, der mit den Heuchlern und den „hochheiligen Pharisäern" nicht umgehen konnte, einen Christus, der die Finsteren nicht als perverse Schlangenbrut abstempelte, usw.

Das ist das schreckliche Sakrileg der Brüder.

Dies sind diejenigen, die den Herrn täglich geißeln.

Wir dürfen keine Komplizen des Verbrechens sein, deshalb zeigen wir das Verbrechen an, es gefällt uns nicht, Verbrechen zu verstecken.

Wir arbeiten für einen anständigen, sauberen, reinen, ritterlichen und ehrlichen Gnostizismus. Weniger Gerede und mehr Taten. Wir wollen einen praktischen Gnostizismus, ohne mystische Masturbation, ohne Papageien, ohne Schmutz.

Wir müssen uns moralisch waschen und reinigen.

Wir müssen lernen, bewusst im Astralkörper zu reisen.

Wir müssen unsere beiden Zeugen mit der Sexualmagie wiederauferstehen lassen, so erwacht das Pfingstfeuer. Das Feuer verbrennt den Abfall, die Larven, den Schmutz und dann treten wir in die Mysterien des Feuers ein, so christifizieren wir uns.

Schulen der Unzucht und Hurerei vereinen zu wollen ist der Gipfel des Absurden. Das neue Zeitalter wird mit Blut und Feuer beginnen, das neue Zeitalter bedeutet der Tod für die spirituellen Schulen dieses Jahrhunderts.

Beenden wir dieses Kapitel, indem wir klarstellen, dass unter dem Begriff „Spiritualismus" diese Käfige von unnützen Papageien, genannt Theosophen, Rosenkreuzer, Spiritualisten, Aquarianisten, Freimaurer, Mazdaznan, Kreise der gedanklichen Kommunion, Anthroposophen, verschiedene unabhängige Gruppen, Brüder des Dharma, Krishnamurtianismus und tausend andere Sekten voller mystischer Unzucht, unnützem Intellektualismus und absurdem Fanatismus, eingeschlossen sind.

Wenn wir uns auf die spirituellen Brüder beziehen, schließen wir in diesem Begriff alle diese unzüchtigen Menschen der verschiedenen Schulen, Logen, Orden, Hörsäle, Zentren, usw. ein.

GAIO

Männer und Frauen, die ihr euch verehrt, hört: wenn ihr sexuell vereint seid, sprecht die Mantrams:

DIS....... DAS…... DOS.......

Verlängert den Klang jedes Buchstabens, verlängert diesen Klang so lange wie möglich, und so, meine Kinder, werdet ihr eure heilige Schlange erwecken. Während der sexuellen Trance ladet ihr euch, in dem Maße, in dem sich die Küsse und Zärtlichkeiten steigern, mit dem elementaren Feuer und der Elektrizität auf, die in jeder Schöpfung pulsiert und vibriert. Frauen, haltet euch bei eurem Sexualakt zurück und so erweckt ihr Kundalini. Männer, haltet den sexuellen Impuls zurück und so erweckt ihr eure gefiederte Schlange Quetzalcoatl. Wenn ihr euch vor dem Orgasmus zurückzieht, wenn ihr euren Samen nicht vergießt, wird das heilige Feuer in euch erweckt und ihr werdet euch in Götter verwandeln.

Schmal ist die Tür und eng ist der Weg, der zum Licht führt, und nur wenige finden ihn. Die Finsteren sagen, dass man über viele Wege zu Gott gelangt; unser Herr Christus sagte uns, dass es nur eine schmale Tür und einen engen Weg gibt. „Geht durch das enge Tor! Denn das Tor, das zum Leben führt, ist eng und der Weg dahin ist schmal und nur wenige finden ihn..“

Durch diese schmale Tür haben wir Eden verlassen, und durch diese Tür müssen Eden wieder betreten. Diese enge Tür ist die Sexualität; wo wir hinausgingen, müssen wir wieder eintreten. Eden ist die Sexualität selbst und dort können wir nicht durch die falschen Türen eintreten. Aber meine Brüder: „Hütet euch vor den falschen Propheten; sie kommen zu euch wie (harmlose) Schafe, in Wirklichkeit aber sind sie reißende Wölfe.“

„An ihren Früchten werdet ihr sie erkennen. Erntet man etwa von Dornen Trauben oder von Disteln Feigen?“

Können die Früchte dessen, der weder selbst in Eden eintritt, noch die anderen hineinlässt, gut sein?

Die Finsteren raten zur Samenejakulation, sie sagen, dass die Sexualmagie gefährlich ist, und fordern tausend Bedingungen, damit jemand das Recht hat, die Sexualmagie auszuüben. Die Finsteren schließen der armen leidenden Menschheit die Türen der Sexualität und setzen die armen Seelen dann mit Arglist in die Käfige ihrer intellektuellen Systeme; das ist das Verbrechen der Luzifer. „Jeder Baum, der keine guten Früchte hervorbringt, wird umgehauen und ins Feuer geworfen." „An ihren Früchten also werdet ihr sie erkennen." (Matt. 7: 19, 20)

„Weh euch, ihr Schriftgelehrten und Pharisäer, ihr Heuchler! Ihr verschließt den Menschen das Himmelreich. Ihr selbst geht nicht hinein; aber ihr lasst auch die nicht hinein, die hineingehen wollen". (Matt, 23: 13)

"Weh euch, ihr Schriftgelehrten und Pharisäer, ihr Heuchler! Ihr zieht über Land und Meer, um einen einzigen Menschen für euren Glauben zu gewinnen; und wenn er gewonnen ist, dann macht ihr ihn zu einem Sohn der Hölle, der doppelt so schlimm ist wie ihr selbst." (Matt, 23: 15)

Brüder meiner Seele nehmt euch in Acht, denn „in meinem Namen werden viele kommen und sagen: ich bin der Christus, und sie werden viele täuschen."

Diese Finsteren lassen sich das Haar und den Bart wachsen, gründen spirituelle Vereinigungen und sagen: Ich bin der Christus. Meine Brüder, „viele falsche Propheten werden sich erheben und viele Menschen täuschen." Die Finsteren werden euch die Tür der Sexualität mit Theorien und noch mehr Theorien schließen.

Wir, die Brüder der Weißen Loge, raten, die sieben Gemeinden der Apokalypse des Heiligen Johannes zu studieren. Dort werdet ihr die einzigen Bedingungen finden, die man braucht, um die sieben Gemeinden unserer Wirbelsäule mit dem gesegneten Feuer der Sexualität zu öffnen.

Alles steht in der Bibel, lasst euch nicht von den funkelnden Intellektualismen der Luzifer betrügen. Wir haben in diesem Buch das schreckliche Geheimnis der Sexualmagie offenbart, damit ihr euch in Götter verwandeln könnt. In Wahrheit haben wir dieses Buch mit einem unglaublichen Opfer veröffentlicht, aber trotzdem sind wir absolut sicher, dass der Lohn der Menschheit die Undankbarkeit sein wird; die Betrüger werden dieses Buch nicht studieren, um zu lernen, sondern um uns zu kritisieren, verleumden, verfolgen und in Verruf zu bringen.

Die Schlangenzungen der Anhängerinnen werden über alle wahren größeren Brüder verschiedenes Geschwätz und gewisse Verleumdungen verbreiten. Das ist der Lohn, den wir von der armen leidenden Menschheit erhalten. Wir alle schwören im Namen des ewigen lebendigen Gottes, dass es keinen anderen Weg der Erlösung gibt. All diejenigen, die sagen, dass es andere Wege gibt, die zur Befreiung führen, lügen; diese Menschen sind luziferisch und dämonisch, oder aufrichtig Irrende.

Ich bin der Weg, die Wahrheit und das Leben. Ich bin das heilige Wort von Eden. Eden ist die Sexualität selbst; durch diese Tür gingen wir hinaus, und durch diese Tür müssen wir wieder eintreten. Das ist das Gesetz.

Das Problem der Sexualität

Jene, die die Sexualität gering schätzen, weisen Eden zurück. Eden ist die Sexualität selbst. Die schwarzen Magier sagen, dass man der Sexualität keine Bedeutung schenken darf, so schließen sie den schwachen Seelen die Türen von Eden. Wir kennen den Fall eines Finsteren, der so weit ging, einem anderen Mann zu sagen: Hier lasse ich dir meine Frau, wenn du willst, kannst du sie benutzen! Dieser schwarze Magier verließ seine Frau und seine Kinder. Er reiste durch die ganze Welt und predigte eine Lehre der schwarzen Magie.

„Weh euch, ihr Schriftgelehrten und Pharisäer, ihr Heuchler! Ihr zieht über Land und Meer, um einen einzigen Menschen für euren Glauben zu gewinnen; und wenn er gewonnen ist, dann macht ihr ihn zu einem Sohn der Hölle, der doppelt so schlimm ist wie ihr selbst.“ Matt. (23: 15)

Zu sagen, dass die Sexualität keinen Wert hat, bedeutet, Eden zurückzuweisen, denn Eden ist die Sexualität selbst. Es gibt viele, die die Sexualität mit Abscheu betrachten. Diese armen Seelen wissen nicht, dass die Sexualität die Tür von Eden ist. Diese armen Seelen wollen nicht durch die enge Tür eintreten, diese Seelen entsagen dem Paradies und versinken im Abgrund. Eden kann man nur durch die Tür betreten, durch die wir hinausgegangen sind: die Sexualität. Wer diese enge und schwierige Tür nicht schätzt, wird nicht durch sie eintreten und wird im Abgrund versinken. Die Luzifer vollbringen schreckliche Anstrengungen, um uns von dieser Tür fernzuhalten.

Zurecht sagte der Christus: „Von Tausenden, die mich suchen, findet mich einer; von Tausenden, die mich finden, folgt mir einer; von Tausenden, die mir folgen, ist einer mein.“

Der Intellekt ist die Waffe, die die schwarzen Magier benutzen, um uns von den Türen Edens fernzuhalten. Die Luzifer besitzen einen funkelnden Intellekt, schätzen die Sexualität nicht und sind Unzüchtige, schreckliche Bösewichte und Heuchler. Das Schlimmste ist der Anschein von Heiligkeit, mit dem sich die Finsteren verkleiden; sie benutzen die Evangelien und sprechen über Liebe und Barmherzigkeit, sie präsentieren sich voller scheinbarer Demut und sagen dann, dass die Sexualität keine Bedeutung hat und nieder und grob ist und dass sie die reinste Spiritualität suchen.

So schließen sie der armen Menschheit die Türen von Eden. „Weh euch, ihr Schriftgelehrten und Pharisäer, ihr Heuchler! Ihr verschließt den Menschen das Himmelreich. Ihr selbst geht nicht hinein; aber ihr lasst auch die nicht hinein, die hineingehen wollen“. (Matt, 23: 13)

Die sieben Gemeinden

Kundalini tritt durch die untere Öffnung der Wirbelsäule ein, die bei normalen und gewöhnlichen Menschen geschlossen ist. Die Samendämpfe öffnen diese Öffnung in der Wirbelsäule, damit die feurige Schlange dort eintritt. Entlang der Wirbelsäule gibt es den canalis centralis und in diesem gibt es einen anderen, noch feineren, der im Orient Brahmanadi genannt wird. Im Brahmanadi gibt es einen dritten Kanal, der noch feiner ist, den Nadi Chitra, und in diesem Letzteren existieren sieben Lotusblumen; diese sind die sieben Chakras, die sieben Gemeinden der Offenbarung des heiligen Johannes.

In dem Maße, in dem Kundalini durch die Wirbelsäule aufsteigt, öffnet sie jede einzelne der sieben Gemeinden. Diese sieben Chakras gleichen sieben Lotusblumen, die in unserer Wirbelsäule sprießen.

Diese Lotusblumen hängen an der Wirbelsäule, wenn die heilige Schlange sich in der Gemeinde von Ephesus eingeschlossen befindet. Wenn die Schlange jedoch zum Gehirn aufsteigt, wenden sich diese Lotusblumen nach oben und erstrahlen mit dem sexuellen Feuer von Kundalini.

Es gibt spirituelle Schulen, die den Schülern Angst einflößen und behaupten, sie müssten Tausende von komplizierten Hindernissen und Theorien überwinden, um – wie sie sagen – das Recht zu erlangen, Kundalini zu erwecken. Auf diese Weise schließen die Finsteren der armen Menschheit die Tür von Eden und die Schüler fühlen sich ohnmächtig vor so vielen komplizierten und schwierigen Theorien. Wahrlich, wahrlich, meine Brüder, sage ich euch, dass das Einzige, was man braucht, um Kundalini zu erwecken und die erste Kirche, die sich im Steißbein befindet, zu öffnen, die Sexualmagie ist.

„Wer Ohren hat, der höre, was der Geist den Gemeinden sagt: Wer siegt (d. h., der mit der Unzucht aufhört), dem werde ich zu essen geben vom Baum des Lebens, der im Paradies Gottes steht.“

In anderen Worten, nur indem man die Sexualmagie praktiziert, kann man ins Paradies treten, um vom Baum des Lebens zu essen. Man braucht Geduld, Leiden und Arbeit, um Kundalini zu erwecken und die Gemeinde von Ephesus zu öffnen, die mit den Sexualorganen verbunden ist.

Die Bedingungen, um die zweite Gemeinde von Smyrna oder der Prostata zu öffnen, sind: Liebe zum Vater, und mit Heldenmut großes Leid und Armut ertragen zu wissen.

Die dritte Gemeinde ist die von Pergamon und sie erwacht mit der vollkommenen Keuschheit. Wer diese Gemeinde erwecken will, darf keine den Götzenbildern angebotenen Speisen essen: Theorien, Intellektualismus, moderne Wissenschaftlichkeit, Vergnügen, Besäufnisse, usw. Die Gemeinde von Pergamon befindet sich auf der Höhe des Solarplexus.

Die vierte Gemeinde ist Thyatira, die des Herzens. Die Voraussetzungen der Heiligkeit, die man braucht, um diese Gemeinde zu öffnen, sind die Folgenden: Keuschheit, Nächstenliebe, Dienstbereitschaft, Glauben, Geduld und viel Liebe.

Das sind die vier unteren Gemeinden unseres Tempels; die drei höheren Gemeinden befinden sich im Turm (dem menschlichen Kopf) des Tempels. Kundalini öffnet die sieben Gemeinden unserer Wirbelsäule. Die einzigen Voraussetzungen, die man für die Entwicklung, die Evolution und den Fortschritt von Kundalini braucht, stehen in den Kapiteln 1, 2 und 3 der Offenbarung des Heiligen Johannes. Deshalb sind all diese Hindernisse und intellektuellen Komplikationen, die man laut den Finsteren überwinden muss, um Kundalini zu erwecken, überflüssig. Die Bibel ist das Wort Gottes.

Machen wir nun mit dem Turm des Tempels weiter. Die fünfte Gemeinde ist Sardes, und diese ist mit dem Chakra der Schilddrüse verbunden, dies ist die Gemeinde des Kehlkopfes. Wenn die heilige Schlange die Gemeinde von Sardes öffnet, können wir in den inneren Welten hören, d. h., das okkulte Gehör wird geöffnet; auch sprechen wir innerlich das Wort des Lichtes und können mit dem Wort erschaffen. Der Kehlkopf ist der Uterus, wo das Wort erzeugt wird. Das schöpferische Organ der Engel ist der Kehlkopf. Die Eigenschaften, die man braucht, um diese Gemeinde zu öffnen, sind: Wachsamkeit, Reue und gute Taten.

Wenn das Feuer die sechste Gemeinde, Philadelphia genannt, öffnet, erwacht die Hellsichtigkeit.

Diese Gemeinde ist verbunden mit dem Chakra zwischen den Augenbrauen, welches wie eine Lotusblume aus der Hypophyse zu erblühen scheint. Die Hellsichtigkeit erlaubt uns, hinter alle Dinge zu sehen, mit ihr sehen wir die inneren Welten und die großen Mysterien des Lebens und des Todes. Die moralischen Voraussetzungen, die man braucht, um diese Gemeinde zu öffnen, sind: sexuelle Potenz, Ehrlichkeit und Treue dem Vater gegenüber. Dieses Chakra ist eine wundervolle Tür, aus der, wenn sie sich öffnet, die weiße Taube des Heiligen Geistes fliegt. Wenn das Feuer die siebente Gemeinde öffnet, genannt Laodicea, die sich über der Zirbeldrüse befindet, glänzt die Krone der Heiligen auf unserem Kopf. Dies ist das diamantene Auge, das der Vielsichtigkeit, das Auge der Allwissenheit.

Wenn die heilige Schlange von der Zirbeldrüse zu dem Punkt zwischen die Augenbrauen gewandet ist, folgt die hohe Einweihung, die erste Einweihung der höheren Mysterien. In dieser Einweihung vereinigt sich die Seele mit dem Innersten und wir verwandeln uns in Meister der höheren Mysterien der Weißen Bruderschaft. Man braucht viel Demut, um die Vereinigung mit dem Innersten zu erreichen.

Die Offenbarung sagt uns: „Wer siegt, der darf mit mir auf meinem Thron sitzen, so wie auch ich gesiegt habe und mich mit meinem Vater auf seinen Thron gesetzt habe.“ (Off. 3: 21)

Wenn die Seele sich mit dem Innersten verbindet, werden wir mit der weißen Tunika der Meister der höheren Mysterien gekleidet. Zwischen unseren Augenbrauen glänzt der weiße fünfzackige Stern, der Licht ausstrahlt und unsere sieben Gemeinden glänzen vor Herrlichkeit. Wir wohnen der großen Einweihung ohne materielle Vehikel irgendeiner Art bei; diese große Einweihung erhält man außerhalb des Körpers, in den höheren Welten, und der neue Meister bekommt einen Thron und einen Tempel.

Christus kam, um uns zu Königen und Priestern der Natur zu machen, laut dem Orden von Melchisedek. Der neue Meister entsteht aus den Tiefen unseres Bewusstseins und drückt sich durch den schöpferischen Kehlkopf aus. Der neue Meister ist eine schrecklich göttliche Kraft.

"Und rief laut, so wie ein Löwe brüllt. Nachdem er gerufen hatte, erhoben die sieben Donner ihre Stimme". (Off. 10:3)

Diese sieben Donner sind die sieben Schlüsselnoten der sieben Gemeinden, die in unserem Rückgrat erklingen.

„Und der Engel, den ich auf dem Meer und auf dem Land stehen sah, erhob seine rechte Hand zum Himmel. Er schwor bei dem, der in alle Ewigkeit lebt, der den Himmel geschaffen hat und was darin ist, die Erde und was darauf ist und das Meer und was darin ist: Es wird keine Zeit mehr bleiben." (Off. 10: 5,6)

Personen, die Schaden verursachen

Das Yoga ist von der westlichen Welt falsch verstanden worden.

Die Meisterin Helena Petrovna Blavatsky, Autorin der Geheimlehre, war Yogini und trotzdem musste sie, nachdem sie die Witwe des Grafen Blavatsky geworden war, heiraten. Alle wussten, dass sie nicht mit dem Grafen gelebt hatte und trotzdem musste sie wieder heiraten. Eine große Yogini wie sie konnte nicht einfach aus fleischlicher Leidenschaft heiraten, außerdem heiratete sie einen ehrwürdigen Greis. Der Grund ist also tiefer, esoterischer. In Wirklichkeit brauchte die Meisterin die Ehe für ihre kosmische Selbstverwirklichung. Mit Yoga erreichte sie einiges, aber nicht alles. Ein Yogi ohne die Sexualmagie ist wie ein Garten ohne Wasser. Sie erreichte die vollkommene Entwicklung der sieben Schlangen mit der Sexualmagie.

In den östlichen Yogaschulen wird die Sexualmagie im Geheimen gelehrt. Leider sind in der westlichen Welt falsche Yogis aufgetaucht, die vielen Familien geschadet haben. Diese falschen Propheten lehren, dass die Sexualität vulgär und pervers ist, und glauben, dass sie die Mauern des Garten Eden überspringen können. Diese falschen Yogis haben dem Glück vieler Familien ein Ende gesetzt, sie glauben, dass sie durch falsche Türen in Eden eintreten können, sie haben bewirkt, dass viele tugendhafte Ehefrauen die Sexualität mit Ekel und Abscheu ansehen; so haben diese Personen dem Glück vieler Familien ein Ende gesetzt, so haben sie den Heiligen Geist beleidigt.

Wir lernten den Fall einer Schülerin des schwarzen Magiers Estrada kennen, die sich sexuell von ihrem Ehemann trennte, um den Theorien dieses zynischen Dämons zu folgen. Natürlich ist diese Familie zerbrochen.

Die Angstmacher

Es gibt viele Menschen, die den Brüdern, die anfangen die Sexualmagie zu praktizieren, Angst einjagen. Es gibt unzählige Arten der Angstmacherei, wie z. B. das Gerücht, dass die Sexualmagie schädlich ist, dass der Partner sich ärgert, oder dass Kundalini sich durch andere Kanäle bewegt; all das ist von der schwarzen Loge erfunden worden, um der leidenden Menschheit die Tür von Eden zu verschließen. Die Sexualmagie ist der normale Sexualakt des Menschen, also kann sie nicht schädlich sein. Die Samenejakulation ist ein Laster, das uns die Luzifer lehrten, und jedes Laster ist schädlich.

Wo es Verständnis gibt, gibt es keinen Ärger, und der verständnislose Ehepartner ist ein Problem für den Eingeweihten. Dieses Problem wird mit Stille, Kunst und Intelligenz gelöst; vor dem verständnislosen Ehepartner ist es besser, zu schweigen, und in diesen Fällen tut man alles, ohne zu sprechen, man praktiziert still, man spricht im Stillen, man handelt und spricht nicht, die Kunst und die Liebe füllen die Leere; wer Intelligenz besitzt, möge verstehen, was wir zwischen den Zeilen sagen.

Jene andere Angstmacherei, die sagt, dass Kundalini andere Wege geht, ist falsch, denn wenn der Schüler anfängt, seine erste Schlange zu erheben, steht ihm ein spezialisierter Meister bei, der die Kundalini des Schülers durch die Wirbelsäule führen muss. Nach Abschluss des Werkes erhält der Spezialist seine Bezahlung. Wenn der Eingeweihte mit der Arbeit der zweiten Schlange beginnt, steht ihm ein anderer Spezialist bei, usw. Kein Schüler ist allein.

Die Angstmachereien wurden von der schwarzen Loge erfunden, um der leidenden Menschheit die Türen von Eden zu schließen.

Die Kirche des Heiligen Geistes

Die Kirche des Heiligen Geistes ist die Kirche von Thyatira; das ist die Kirche des Herzens. Der Priester, der für die Eheschließung Geld verlangt, begeht ein schreckliches Sakrileg. Die Ehe gehört dem Heiligen Geist an, die Ehe ist ein Mysterium des Herzens; mit dem Herzen Handel zu treiben bedeutet, mit dem Heiligen Geist Handel zu treiben.

Mit dem Sakrament der Ehe Handel zu treiben bedeutet, die Mysterien des Heiligen Geistes schrecklich zu entweihen. Liebe kann weder gekauft noch verkauft werden, denn sonst begeht man eine große Sünde gegen den Heiligen Geist. „Sünden aller Art werden vergeben werden, außer einer, der Sünde gegen den Heiligen Geist.“

Wer Selbstmord begeht, sündigt gegen den Heiligen Geist. Der Heilige Geist gab uns das Leben mit Liebe und Sexualität. Wer sich das Leben nimmt, muss in einer neuen Reinkarnation gegen seinen Willen sterben, das ist seine Strafe.

Der Judas, der den Meister verrät, sündigt in seiner Undankbarkeit gegen den Heiligen Geist. Die Liebe des Meisters ist in der Kirche des Herzens. Die Feuer des Herzens kontrollieren Kundalini. Kundalini entwickelt sich, evolutioniert und entwickelt sich im Einklang mit den Verdiensten des Herzens. Eine einzige Samenejakulation reicht, damit Kundalini mehrere Wirbel absteigt; es ist sehr schwer, die verlorenen Stufen wiederzuerobern; das ist die Strafe für die Schwachen. Der Aufstieg von Kundalini ist sehr langsam und schwierig, jeder Wirbel verlangt bestimmte Bedingungen von Heiligkeit; das ist der Schrecken von Liebe und Gesetz.

Der Mann ist eine der Säulen des Tempels des lebendigen Gottes, die Frau ist die andere Säule. Die beiden Säulen des Tempels des Heiligen Geistes sind schrecklich göttlich. Der Mann ist das ausdehnende Prinzip, die Frau ist das anziehende Prinzip.

In der sexuellen Verbindung beider befindet sich der Schlüssel der Erlösung. Die Liebe ernährt sich von Liebe, und der Kuss ist die mystische Segnung der beiden Seelen, die sich lieben. In der höchsten Trance der Liebe vergessen wir die Theorien der Menschen.

Der Sexualakt ist die Konsubstantiation der Liebe in der psychosexuellen Realität des Menschen. Der Mann ist die Kraft, die Frau ist die Süße.

Petrus hat die Schlüssel zum Himmel. Petrus bedeutet Stein, dieser Stein ist die Sexualität und die Sexualmagie ist der Schlüssel zum Himmel. Auf dem Stein (der Sexualität) müssen wir die Kirche für das Ich-Bin errichten.

Die Selbstverwirklichung ohne den Zauber der Liebe ist unmöglich. Wer zu lieben lernt, verwandelt sich in einen Gott. Die Sexualität ist der philosophische Stein, der kubische Stein von Jesod. Wenn ein Mann und eine Frau sich sexuell vereinen, verwandeln sie sich in Götter. Es ist besser, zu lieben, als zu theoretisieren. Goethe sagte: „Alle Theorie ist grau, nur der Baum mit den goldenen Früchten, der das Leben ist, ist grün."

Ein Haus mit spielenden Kindern, ein schöner Garten und eine gute Frau sind mehr wert, als alle Theorien der spirituellen Schulen der Welt zusammen. Ein reiner und nobler, starker und liebevoller Mann ist für eine Frau mehr wert, als alle Bibliotheken der Welt. Mit dem heiligen Feuer des Heiligen Geistes verwandeln wir uns in Götter. Mit den intellektuellen Theorien verwandeln wir uns in Betrüger.

Gesegnet sei die Liebe, gesegnet seien die Wesen, die sich lieben.

Die sieben Tempel

Die sieben Kirchen unserer Wirbelsäule stehen in enger Verbindung mit den sieben Tempeln der höheren Mysterien. Diese Tempel haben ihre Vertreter in den sieben Chakras unserer Wirbelsäule; so sind diese sieben Kirchen also sieben Tempel, in denen der Schrecken von Liebe und Gesetz regiert. Diese sieben Kirchen gibt es im Menschen und im Universum, im Mikrokosmos und im Makrokosmos.

So wie wir unsere sieben Kirchen in der Wirbelsäule öffnen, dringen wir in jeden der sieben inneren Tempel ein, wo nur der Schrecken der großen Mysterien herrscht. Wir füllen uns zum Beispiel mit göttlichem Schrecken, wenn wir die Kathedrale von Sardes zwischen Blitzen und Donnern und Unwetter betrachten; dort können wir nur eintreten, wenn wir das Kehlkopfchakra in unserer Wirbelsäule geöffnet haben (die Kirche von Sardes).

Wenn der Eingeweihte die Schlange durch den Stab erhoben hat, erhält er den Stab der Patriarchen, den Stab des Aaron, den Rohrstock mit sieben Knoten, den Rohrstock aus Gold, usw. Dann treten wir in die Kirche von Laodicea, diese Kathedrale ist aus reinem Gold.

Der Eingeweihte erhält verschiedene Stäbe, in dem Maße, in dem er mit den Feuern der Wirbelsäule arbeitet. Der Rohrstock mit sieben Knoten der östlichen Yogis symbolisiert das Rückenmark mit seinen sieben Kirchen.

Die sieben Schlangen

Mexiko bietet immer neue Überraschungen. Im Museum für aztekische Kultur in Mexiko gibt es einen seltsamen Stein, in den die Figur eines enthaupteten Mannes gemeißelt ist; der Kopf dieser seltsamen Person wurde durch sieben Schlangen ersetzt.

Wir finden dort den männlichen Phallus dieser mysteriösen Gestalt im Erektionszustand; der Phallus wird diskret durch eine Palme (Symbol des Sieges) symbolisiert. Die phallischen Symbole gibt es in der Kultur der Azteken und Mayas reichlich. Im Tempel des Quetzalcoatl in Teotihuacan wurde die Schlange ganz besonders verehrt. Auf den unbesiegbaren Mauern dieses mysteriösen Heiligtums sehen wir Skulpturen der Klapperschlange.

Die Inder erzählen uns von Kundalini, der feurigen Schlange unserer magischen Kräfte. Die Azteken lehren uns zwei Dinge mit ihrem seltsamen Stein: erstens, dass Kundalini sieben Grade der Macht besitzt; und zweitens, dass Kundalini vollkommen sexuell ist. Kundalini ist die Gesamtsumme von sieben Schlangen: zwei Gruppen mit je drei und die prächtige Krönung der siebenten Feuerzunge, die uns mit dem Einen, mit dem Gesetz, mit dem Vater verbindet.

Die Theosophen sprechen von der siebenfachen Natur des Menschen. Wenn wir diese Dinge im Licht der theosophischen Wahrheiten betrachten, behaupten wir, dass jedes Organ in seiner inneren, metaphysischen Natur siebenfach ist. Unsere Wirbelsäule ist keine Ausnahme, sie ist auch siebenfach. Entlang der Wirbelsäule gibt es sieben Nervenzentren, welche die sieben Kirchen sind, von denen die Offenbarung des heiligen Johannes spricht.

Diese sieben Kirchen treten mit dem sexuellen Feuer von Kundalini in Aktivität, so öffnen die sieben Schlangen die sieben Kirchen in den sieben Körpern.

Das sexuelle Feuer von Kundalini erwacht mit der Sexualmagie. In der Kreuzung von Phallus und Uterus befindet sich der Schlüssel der Macht, solange man es erreicht, nicht einen einzigen Tropfen des heiligen Weines zu vergießen.

Bei den Azteken wurde die Sexualmagie praktiziert, um Kundalini zu erwecken; in den heiligen Höfen der Tempel verbrachten Männer und Frauen Monate damit, sich zu liebkosen, zu lieben und sogar in sexueller Verbindung, aber sie wussten, das animalische Ego zu zügeln, um die Ejakulation des Samens zu vermeiden, und so verwandelten sich die reinen Wasser des Lebens in Samendämpfe, diese verwandelten sich in christliche Energie, und die Energie teilte sich in solare und lunare Strömungen, die durch Ida und Pingala aufstiegen.

Wenn sich die solaren und lunaren Atome im Steißbein verbinden, erwacht Kundalini oder die gefiederte Schlange Quetzalcoatl. Diese sieben Schlangen sind in der enthaupteten Figur dargestellt.

Die erste Schlange gehört dem physischen Körper an, die Zweite dem ätherischen Körper, die Dritte dem Astralkörper, die Vierte dem mentalen Körper, die Fünfte dem Willenskörper, die Sechste dem Körper des Bewusstseins und die Siebente dem Innersten, unserem wahren inneren Sein. Dies sind die sieben Tore der Einweihung. Die sieben Schlangen erheben sich in einer bestimmten Reihenfolge und bilden die sieben ersten großen Einweihungen der höheren Mysterien.

Wir verließen Eden durch die Tür der Sexualität, und nur durch diese Tür können wir wieder eintreten, es gibt keine falschen Türen. Eden ist die Sexualität selbst.

Die sieben Schlangen geben uns die Macht über die Erde, über das Wasser, über das universelle Feuer des Lebens, über die Luft, über die Tattwas des Äthers, usw. Die sieben Schlangen erwecken in uns die Telepathie, die Intuition, die Hellhörigkeit, die Hellsichtigkeit, das intuitive Sehen und die Allwissenheit. Die sieben Schlangen verwandeln uns in Götter.

Die Figur des Enthaupteten, die sich im Museum in Mexiko befindet, ist ein großartiger Schatz der antiken Weisheit. Die Liebe ist die Grundlage der praktischen Magie. In den Tempeln der Azteken erweckten die Männer und Frauen, die sich liebten Quetzalcoatl, die heilige Schlange, die schreckliche, feurige Schlange unserer magischen Kräfte.

Unser Schicksal ist lieben. Es gibt nichts auf der Welt, das sich gegen die Kraft der Liebe stellen kann. Die intellektuellen Theorien werden vergessen, wenn zwei Wesen sich lieben.

Der feurige Kuss von zwei sich liebenden Menschen hat mehr Kraft, als die Theorien der spirituellen Schulen. Es ist besser, zu lieben, als zu lesen. Zwei Wesen, die sexuell in der Trance der Liebe vereint sind, haben die Kraft, Kundalini zu erwecken und die sieben Kirchen der Wirbelsäule zu öffnen. Sogar die Götter sind Söhne der sexuellen Trance. Gesegnet sei die Liebe. Wer noch nie geliebt hat, weiß nicht, was das Leben ist.

Wir müssen die Flamme des Geistes mit der Kraft der Liebe beleben, wir müssen das animalische Ego töten. Zuerst müssen wir sehr sexuell sein, dann müssen wir die Sexualität aufgeben.

Zuerst müssen wir die Kräfte entwickeln, dann müssen wir ihnen entsagen. Die Menschen wollen das nicht verstehen und wollen reiten, bevor sie ein Pferd haben.

Arme Menschen! Alles verstehen sie verkehrt, sie wollen am Schwanz und nicht am Kopf anfangen, und einige wollen der Sexualität entsagen, ohne das heilige Feuer erweckt zu haben, sie wollen den Kräften entsagen, ohne sie erhalten zu haben. Wie töricht! Auf etwas verzichten, was sie nicht haben! Und sie sind nicht einmal in der Lage, auf das zu verzichten, was sie haben. Dieser Pfad ist sehr schwierig, das ist der Pfad auf des Messers Schneide.

Nur wer sich schon christifiziert hat, kann der Sexualität entsagen, nur wer darauf vorbereitet ist, in das Absolute zu treten, kann der Kräfte entsagen. Das verstehen die Aquarianisten, Theosophen, Rosenkreuzer, usw. nicht.

Jesus, der Christus, sagte: „Ich bin der Weg, die Wahrheit und das Leben“, und die Menschen verstehen das nicht; die Menschen interessiert ihr strahlendes Ich-Bin nicht. Statt in sich selbst zu suchen, laufen sie lieber den Betrügern hinterher, statt ihr strahlendes Ich-Bin in sich selbst zu suchen, verwandeln sie sich in Anhänger von mystischen Dieben wie Reynaud de Lafiérre, Banditen, die als Heilige verkleidet sind, Bösewichte, die sie ausnutzen und in den Abgrund führen.

Das ist es, was den Menschen gefällt. Wie töricht! Sie verlassen ihr Ich-Bin, um hinter den Bösewichten herzulaufen, und trotzdem behaupten sie, die Wahrheit zu suchen.

Jesus sagte ihnen: „Ich bin der Weg, die Wahrheit und das Leben.“

Als er sagte „Ich bin“, bezog er sich nicht auf seine Person, sich selbst zu nennen ist mehr als lächerlich, es ist töricht. Es wäre töricht, das von Jesus zu denken.

Der Meister zeigte uns den einzigen Weg, er erzählte uns nicht von vielen Wegen, um zur Wahrheit zu gelangen; in keinem der vier Evangelien steht, dass er uns viele Wege gezeigt hat. Er sagte uns nur: „Ich bin der Weg, die Wahrheit und das Leben.“

Treten wir durch die enge und schmale Tür, die zum Licht führt, diese Tür ist die Sexualität.

Wir lernten eine arme alte, äußerst mystische Frau kennen, die die Sexualität mit Abscheu betrachtete, wie etwas Vulgäres, Schmutziges und Grobes. Sie hielt sich für absolut keusch und rein. Als wir ihren Satan (den Hüter der Schwelle) studierten, um ihre Reinigungen kennenzulernen, erstaunten wir und mussten uns verteidigen. Jener Satan griff uns auf schreckliche Weise an. Die sexuellen Sehnsüchte dieser armen Seele waren schrecklich, aber der Körper der kranken Alten diente nicht der Befriedigung ihrer Leidenschaften, das war alles.

Viele sagen: die Sexualität ist vulgär, ich bin keusch und rein, ich bin sehr spirituell, mich ziehen diese Schweinereien der Sexualität nicht an, usw. Als wir den Satan dieser übersinnlichen Mystiker untersuchten, bewiesen wir, dass diese Seelen voller schrecklicher, unterdrückter sexueller Sehnsüchte waren. Satan ist stark und kräftig bei den Unzüchtigen. Nur diejenigen, die es schaffen, den Esel zu reiten, diejenigen, die lernen, die Bestie zu zähmen, wandeln ihren Satan in ein wunderbares Kind voller Schönheit um.

Man muss jedoch auf dem Esel reiten, die Sexualmagie ausüben, sich der Bestie wirklich stellen, um sie zu zähmen und zu besiegen, das ist der einzige Weg, um zur Keuschheit zu gelangen. Jene armen Seelen, die die Sexualität als etwas Ekelhaftes ansehen, verteidigen wahrlich den Satan und lassen ihn dick, kräftig und stark sein. In neuen Reinkarnationen stürzt sich diese Art von Mystikern in die schlimmsten fleischlichen Leidenschaften.

Wozu ist es gut, ein unbeschreiblicher Mystiker zu sein, wenn Satan im Inneren groß, kräftig und stark ist und auf die Gelegenheit wartet, seine Leidenschaften zu befriedigen? Das ist der Teufel, der die Messe hält.

Arbeiten wir mit unseren sieben Schlangen, christifizieren wir uns.

Nur wenn wir bereits Götter sind, werden wir jenseits des Sexualaktes sein, dann werden wir auf dem Esel reitend in das himmlische Jerusalem eintreten, dann werden wir wirklich keusch sein, denn wir werden das Biest getötet haben!

Die Keuschheit ist die Grundlage der Heiligkeit.

Der hochheilige Scheinheilige Estrada, Meister des Aquariusordens, wurde auf dem Bett des Vergnügens gefunden, als er mit einer fremden Frau Ehebruch begann. Herr X musste den heiligen Estrada hinauswerfen, und natürlich ging diese Familie in die Brüche; dies geschah in Mexiko. Die Finsteren des Aquarius verschweigen das. Warum schweigen sie wohl?

Sicherlich darf sich niemand in das Leben von anderen einmischen, niemand darf einen anderen richten, der Fall Estrada jedoch ist anders, dieser Herr predigt eine Lehre und veröffentlicht seine Werke, die öffentlich untersucht werden sollen. Wir verbergen keine Verbrechen, weil wir uns so in Komplizen des Verbrechens verwandeln würden.

Untersuchen wir die Früchte der Prediger. Dieser Fall wurde öffentlich bekannt, er ist eine Frucht, die wir untersuchen müssen. „Denn, nichts ist verhüllt, was nicht enthüllt wird, und nichts ist verborgen, was nicht bekannt wird.

Deshalb wird man alles, was ihr im Dunkeln redet, am hellen Tag hören, und was ihr einander hinter verschlossenen Türen ins Ohr flüstert, das wird man auf den Dächern verkünden.“ (Luk. 12: 2, 3)

„Jesus antwortete ihnen: Amen, amen, das sage ich euch: Wer die Sünde tut, ist Sklave der Sünde.„ (Joh. 8: 34)

Christus sprach: „An seinen Früchten wird man ihn erkennen.“

Diese Früchte von Estrada sind finster. Estrada, der Mann der seine Frau und Kinder verließ, der Mann, der zu Laferriére sagte: hier lasse ich dir meine Frau, benutze sie, wenn du willst. Kann ein solcher Mann ein Eingeweihter sein? Estrada, der Mann, der in der Kathedrale von Mexiko das Abendmal empfing, kann er ein Eingeweihter sein? Kann die Schule dieses Scheinheiligen ein Weißer Orden sein?

Estrada und seine Anhänger des Aquarius werden von den Behörden Guatemalas gesucht. Warum wohl? Vielleicht weil sie heilig sind? Herr Ferri, Repräsentant des Aquarius in Panama, verließ seine Frau und fünf Kinder und entschied sich trotzdem, sich als Heiliger in den Aquarius Orden einzuschleichen. Mit welcher moralischen Autorität bezeichnen sich die Aquarianisten als Eingeweihte?

Die Geburt Jesu

Der Meister Jesus war ein gefallener Bodhisattwa und musste sich mit den höchsten Opfern wieder erheben.

Weil viele spirituelle Brüder nicht wissen, was ein Bodhisattwa ist, werden wir eine Erklärung geben: der Innerste hat zwei Zwillingsseelen, die göttliche und die menschliche. Der Bodhisattwa ist die menschliche Seele. Wenn ein Meister sich reinkarnieren will, schickt er seine menschliche Seele (Bodhisattwa) voraus, damit sie sich reinkarniert. Diese Seele tritt in den mütterlichen Leib und wird als gewöhnliches und normales Kind geboren. Dann sagen wir, dass dieses Kind der Bodhisattwa eines Meisters ist. Diese Bodhisattwas müssen sich vorbereiten, damit sie ihren Innersten in sich selbst inkarnieren können.

Der innere Meister ist eine vollkommene Verbindung, d. h. ein Innerster und eine göttliche Seele, die bereits vollständig verschmolzen sind. Der Innerste ist männlich und seine göttliche Seele (das Bewusstsein) ist weiblich. Das Ergebnis ist, dass diese Mischung einen vollkommenen göttlichen Hermaphroditen bildet, und dieser vollkommene Hermaphrodit-Geist ist der innere Meister, der seine menschliche Seele ausgesandt hat, damit sie sich reinkarniert und vorbereitet.

Wenn der Bodhisattwa genügend vorbereitet ist, tritt der Meister in ihn ein, dann sagt man, dass der Meister geboren worden ist. Wenn wir sagen, dass Jesus in einer Krippe geboren worden ist, bestätigen wir auf esoterische Weise die spirituelle Geburt Jesu. Die Krippe ist nur ein Symbol.

Der Geist der Weisheit reinkarniert immer in dieser Krippe der Welt, um die arme leidende Menschheit zu retten. Die Tiere der Krippe sind die menschlichen Leidenschaften.

Oft geschieht es, dass der Bodhisattwa eines Meisters fällt und der Meister sich dann nicht reinkarnieren kann. Der Meister fällt nicht, aber der Bodhisattwa ist menschlich und kann fallen. Wenn ein Bodhisattwa sich fallen lässt, wird er in eine neue Reinkarnation geschickt, um seine Schulden zu bezahlen, und wenn er es nicht schafft, sich zu erheben, wird er jedes Mal unter schwierigeren Bedingungen reinkarniert. Wenn er sich am Ende erhebt, dann tritt der Meister in ihn, um ein großes Werk zu vollbringen.

Jesus ist der Bodhisattwa eines Meisters, und er wurde in einem Tempel geboren. Jesus war gefallen, aber er erhob sich mit höchsten Anstrengungen und Aufopferungen. Die Geburt Jesu ist spirituell.

„Die Söhne Gottes sind nicht aus Blut gezeugt, auch nicht durch den Willen des Fleisches, auch nicht durch den Willen des Mannes, sondern von Gott.“

Die spirituelle Geburt

Wir müssen den Prozess des menschlichen Ich beenden, damit das Sein geboren wird. Begehen wir nicht den Fehler, uns in ein höheres und niederes Ich zu teilen; das, was die spirituellen Schüler höheres Ich nennen, ist nicht das Sein, sondern eine verfeinerte Form des menschlichen Ich, eine subtile Eigenart der Selbstverteidigung, die das menschliche Ich benutzt, um sich zu erhalten, ein verfeinertes Konzept Satans, ein subtiler Ausweg, den das menschliche Ich benutzt.

Man muss sterben, um zu leben, man muss alles verlieren, um alles zu gewinnen.

Wir müssen den Tod am Kreuz sterben, um das Recht zu Leben zu erhalten. Auf dem Kadaver des menschlichen Ich wird das Sein voller Herrlichkeit und Macht geboren.

Der Ich-Mensch möchte überall auftreten, er will, dass ihm alle applaudieren und ihn bewundern; er lässt sich das Haar und den Bart wachsen, kleidet sich mit seltsamen Gewändern, um auf die Straße zu gehen, damit die Naiven ihn Meister, großen Bruder, usw. nennen. Der Ich-Mensch entkleidet sich wie eine Hure, um seine Mächte, seine Eigenschaften und seine Herkunft zu zeigen.

Der Ich-Mensch will die erste Reihe in der Synagoge belegen und in der Öffentlichkeit besitzt er keine Bescheidenheit, er sagt alles, erzählt alles, ohne Zurückhaltung.

Wie ein Künstler arbeitet der Ich-Mensch, damit andere ihm applaudieren und ihn bewundern. „Die Eitelkeit der Eitelkeiten, alles ist Eitelkeit."

Der Ich-Mensch ist voller Eifersucht. Der Ich-Mensch verkleidet sich mit der Tunika des Aristippos. Die Legende sagt, dass der große griechische Philosoph Aristippos sich mit einer Tunika voller Flicken und Löcher kleidete, um seine Weisheit und Demut zu demonstrieren.

Aristippos nahm den Stab der Philosophie und mit größter Demut schritt er durch die Straßen Athens; so kam er zum Haus des Sokrates. Als Sokrates ihn kommen sah, rief er: Oh, Aristippos, man sieht deine Eitelkeit durch die Löcher deiner Kleidung!

Der Ich-Mensch weiß, wie er den Zorn in Behälter mit Eis verstecken kann, das Feuer des Jähzorns in gekühlten Behältern voller Schönheit und unaussprechlichem Duft. Die Eifersucht nennt er Vernunft, den Zorn Verwirrung, Nervosität, usw. Im Weihrauch des Gebetes versteckt sich in Wirklichkeit das Verbrechen.

Der wahre Meister sagt nie, dass er ein Meister ist. Den wahren Meister erkennt man nicht, er kleidet sich wie jeder Mensch und geht überall anonym und unerkannt umher.

Das Ich muss vollständig sterben, damit das Sein geboren wird. Das Sein ist das, was ist, das, was immer gewesen ist, und das, was immer sein wird. Das Sein ist unpersönlich, es ist das Leben, das in jedem Atom pulsiert, das Innerste, der Allerhöchste in uns. Das Sein ist jenseits des Begehrens, jenseits des Verstandes, jenseits des Willens, jenseits des Bewusstseins. Das Sein ist jenseits der Intelligenz.

Der Grund des Seins zu sein, ist das Sein selbst. Das Sein ist das Leben. Ich bin das Sein.

Ursprünge des menschlichen Ich

Das menschliche Ich ist eine monströse Larve, die sich zu bilden begann, als wir Eden verließen.

Zuerst verwandelt sich das Ich in den gewöhnlichen Menschen der Erde; dann zeigt sich das Ich als gebildeter und intellektueller Mensch; und die letzte Anstrengung, die das Ich macht, um zu überleben, ist, dass es sich zum Meister erklärt und sich freut, wenn man es so nennt.

Das Ich freut sich, wenn es sich wie eine Hure entkleidet, um den anderen seine Formen, seine Eigenschaften und seine göttlichen Mächte zu zeigen; dann verwandelt es sich in einen Propheten und stellt seine Kräfte und Tugenden zur Schau, damit andere es verehren.

Das Ich kleidet sich mit der Tunika des Aristippos und ist demütig, solange man seine Wunde nicht berührt, wenn man sie berührt, reagiert es voll erhabenem Zorn.

Das Ich freut sich, wenn es von seinen Büchern und seinen wundervollen Werken spricht; das ist sein unglaublicher Stolz. Außerdem verkleidet es sich als Heiliger und Märtyrer und nennt sich Meister oder sogar Engel.

In der Nacht der Jahrhunderte war das Ich einfach, aber über die Jahrhunderte hinweg wurde es immer komplizierter und schwieriger; diesen Vorgang der Komplikation nennen einige Evolution und Fortschritt.

In Wirklichkeit ist das keine Evolution, sondern die Komplikation und Stärkung dieser schrecklichen Larve, genannt Ich. Das Ich erfährt unzählige feine Umwandlungen: manchmal gleicht es einem Dämon, manchmal einem Kind Gottes.

Zusammenfassend können wir versichern, dass das Ich nacheinander drei Etappen von Komplikation durchläuft: die Erste ist der gewöhnliche Mensch der Erde, die Zweite ist der gebildete

Mensch, der den Intellekt entwickelt, und die Dritte ist der auserwählte Mensch, der im Höchsten lebt; diese dritte Phase ist die gefährlichste. Beim Erreichen der dritten Phase wird das Ich subtil und gefährlich, es verwandelt sich also in ein engelsgleiches und göttliches Ich, verhält sich wie ein Engel und möchte, dass alle seine Gaben anerkennen.

Der Ich-Engel ist gefährlicher als der Ich-Mensch.

Das Ich löst sich auf, wenn es das Haus der Toten betritt. Die Götter, die in das Absolute eintreten wollen, müssen das Ich töten, sie müssen in das Haus der Toten eintreten. Machen wir aus uns also nicht so viele Meister, ein Meister ist nur der innere Christus.

Ein wahrer Guru spricht nicht davon. Der wahre Guru ist der innere Christus.

Ein wahrer Meister geht überall anonym und unerkannt hin, er stellt seine Werke oder Kräfte nicht zur Schau und ist voller Bescheidenheit. Ein wahrer Meister ist vor allem ein anständiger Mitbürger.

Der wahre Meister ist nie intellektuell; der Intellekt ist eine tierische Funktion des Ich-Menschen. Der wahre Meister ist wie ein Kind: rein, heilig und einfach, er ist der innere Christus, der jeden Menschen, der auf die Welt kommt, erleuchtet.

Nach dem Tod entledigt sich die Seele des Astral- und Mentalkörpers durch aufeinanderfolgende Perioden innerer Evolution; dann versinkt die Seele im unglaublichen Glück des Unendlichen, wo die wundervollen Harmonien des Feuers ertönen.

Leider bleibt das Ich auf der Schwelle der Mysterien und erwartet uns für eine neue Reinkarnation. Im Ich befinden sich die Wurzeln des Bösen und des Schmerzes.

Wenn das Ich bereit zu sterben ist, wird das Sein voller Herrlichkeit und Würde geboren. In jeder Einweihung stirbt etwas in uns und etwas wird in uns geboren. So stirbt das Ich nach und nach, so wird das Sein nach und nach geboren; deshalb nennt man die Einweihung Geburt.

Die Natur macht keine Sprünge. Es ist notwendig, dass der Ich-Mensch stirbt, damit das Sein in uns geboren wird. Es ist sehr wichtig, dass das Sein seine Krone erhält, das strahlende und leuchtende Ich-Bin.

„Sei treu bis zum Tod, und ich werde dir die Krone des Lebens geben." Das Ich verwandelt sich in eine Gottheit, nachdem es die Krone des Lebens erhalten hat. Dann tritt dieses gefährliche und göttliche Ich innerlich in das Haus der Toten und löst sich langsam für immer auf. Das Haus der Toten ist eine innere Schule, wo das Ich langsam stirbt.

Der Hüter der Schwelle

Der Hüter der Schwelle ist das menschliche Ich, das sich später in das engelhafte göttliche Ich verwandelt. Nach dem Tod verlässt das Sein den Astral- und Mentalkörper und folgt dem Lauf seiner inneren Evolution; so versinkt das Sein glücklich im sternenbesäten Unendlichen. Leider bleibt der Hüter der Schwelle auf der Schwelle des Mysteriums, er ist das Ich. Wenn das Sein zurückkehrt, um in eine neue Gebärmutter einzutreten, kommt das Ich, um unseren lunaren oder unteren astralen Körper zu bilden.

Wenn es reinkarniert, umhüllt sich das Sein mit einem neuen mentalen, astralen, ätherischen und physischen Körper und diese vier Körper bilden eine neue unschuldige Persönlichkeit; leider bemächtigt sich das Ich langsam dieser neuen Persönlichkeit, bis es sie vollständig kontrolliert.

Das Sein ist rein, das Ich ist eine schreckliche Larve; das Sein ist durchsichtig wie Glas, das Ich ist monströs wie Satan; das Sein wird durch nichts gekränkt, das Ich wird durch alles gekränkt. Das Sein ist dem Vergnügen und dem Schmerz, dem Lob und dem Tadel, dem Sieg und der Zerstörung gegenüber gleichgültig; das Ich wird durch alles verletzt, leidet und weint, vergnügt sich und sucht Vergnügen. Das Ich sucht immer Sicherheit, das Sein hat nie Angst und deshalb sucht es keine Sicherheit. Das Ich hat Angst vor dem Leben, Angst vor dem Tod, Angst vor dem Hunger, Angst vor dem Elend, usw. Die Menschen beuten sich aus vor Angst, ziehen in den Krieg aus Angst, stehlen und häufen Dinge aus Angst an, töten aus Angst und bewaffnen sich aus Angst.

Das Sein ist jenseits der Wünsche, jenseits der Anhänglichkeit, jenseits des Verlangens und der Ängste, jenseits des Intellektes und des Todes, jenseits des menschlichen Willens, jenseits der Intelligenz. Das Sein ist der Baum des Lebens.

Das Ich wird intellektuell und leidet wegen seiner Anhänglichkeit und Ängste, wegen seiner Eifersucht und Leidenschaft, wegen seines Egoismus und seines Hasses. (Verwechseln wir das Ich nicht mit dem Ich-Bin, von dem Jesus spricht. Das Ich ist die Larve der Schwelle, das Ich-Bin ist die Krone des Lebens, die glänzende Krone des Seins.)

Das Ich spricht von Ehre, sucht Befriedigung, ist dem Gefallen und nicht Gefallen unterworfen; alle Unvollkommenheit in uns kommt von dem schrecklichen Ich. Das Sein ist jenseits des Gefallens, des nicht Gefallens, des Vergnügens, des Schmerzes, des Intellektes und der Vernunft. Man muss das Ich töten, damit das Sein geboren wird.

Das Ich genießt es, Kräfte zur Schau zu stellen. Unglücklich ist der Eingeweihte, der den Menschen Prophezeiungen macht; er wird getötet werden, weil er nicht zu schweigen weiß. Der Hellseher darf sich nicht in das Leben anderer einmischen, weil er ermordet werden kann. In dem Maße, in dem Kundalini durch den Rückenmarkkanal aufsteigt, stirbt das Ich, und das Sein wird geboren. Jeder einzelne der 33 Wirbel verlangt gewisse Tugenden, das bedeutet den Tod für bestimmte Fehler in jedem Wirbel; so wird das Sein in jedem Wirbel geboren, so stirbt das Ich nach und nach in jedem Wirbel. In jeder Einweihung wird etwas in uns geboren, in jeder Einweihung stirbt etwas in uns.

Die Einweihung nennt man Geburt. Man kann nicht geboren werden, ohne zu sterben; man kann nicht geboren werden, ohne die Sexualität. Wer geboren werden will, muss in den Leib einer Frau eintreten, und nur so hat er das Recht, geboren zu werden.

Nur das Wissen über den Prozess des Ich nutzt nichts, um dem Ich ein Ende zu setzen. Das Sein kann nicht geboren werden ohne das Feuer, und das Feuer kann nicht erweckt werden ohne die Sexualität. Das Ich stirbt nur unter der Schneide des flammenden Schwertes, dieses Schwert ist Kundalini, die nur erweckt werden kann, wenn man die Sexualmagie mit der Ehefrau praktiziert.

Wir müssen das Ich mit dem schrecklichen Schwert der kosmischen Gerechtigkeit töten; nur so, indem das Ich stirbt, kann sich die Herrlichkeit Gottes durch uns ausdrücken. Das Schwert der Gerechtigkeit ist Kundalini; lasst uns Kundalini mit der Ehefrau erwecken!

Die erste große Geburt Jesu Christi

Die erste große Einweihung Jesu war so natürlich und einfach, wie die demütige und unschuldige Geburt einer Lotusblume. Der Bodhisattwa Jesus begehrte keine Einweihungen oder Kräfte, keine Titel, Grade, Ränge, Meistertitel, keine gesellschaftliche oder göttliche Stellung, Königreiche, Gold oder Silber. Obwohl er mehr als alle Engel, Erzengel, Seraphim, Mächte, usw. war, bevorzugte er es, nur ein guter Mensch zu sein.

Jemand hat einmal gesagt: „Es ist mehr wert, ein guter Mensch zu sein, als ein schlechter Engel."

Das Ich wird in seinen kompliziertesten Formen immer habsüchtiger, es begehrt jetzt keine Adelstitel mehr, sondern begehrt göttliche Titel, möchte, dass alle es Meister nennen, will hierarchische und esoterische Titel, und verliert unendliche Ewigkeiten verwickelt im Karma der Welten. Es begehrt jetzt kein Gold oder Silber mehr, sondern es begehrt okkulte Kräfte. Es begehrt jetzt keine Ehre oder Größe mehr, sondern Einweihungen und Grade. Es begehrt jetzt keine weltliche Herrschaft oder Königreiche mehr, sondern es begehrt innere Königreiche, Herrschaft und Macht in den höheren Welten. Es erfreut sich daran, Paradiese zu regieren und, auch wenn es euch unglaublich erscheint, ist es sogar, auf sein eigenes göttliches Reich eifersüchtig und verwandelt sich in einen unaussprechlichen Verführer.

Es erfreut sich daran, Welten und Sonnen zu regieren und bietet seine Gärten Eden den Bodhisattwas des Mitgefühls an. Es möchte nicht mehr in weichen irdischen Betten und bequemen Herrenhäusern ruhen, sondern strebt danach, im unglaublichen Glück des Nirvana auszuruhen; diesen Wesen gefällt der schmale, harte und schwierige Weg nicht. Sie erfreuen sich der nirvanischen himmlischen Ruhe, während die arme Menschheit leidet und weint, und sie bieten uns ihre verführerischen Paradiese an, um uns den Eintritt ins Absolute zu verwehren.

In Wahrheit sage ich euch, geliebte Schüler, dass es besser ist, dem Glück des Nirvana zu entsagen, um dem Pfad der langwierigen und bitteren Pflichten zu folgen. Die Pflicht führt uns direkt zum Absoluten, das ist besser, als das Glück des Nirvana; lasst uns nicht in diese göttlichen nirvanischen Versuchungen fallen.

Der Bodhisattwa, der auf die nirvanischen Versuchungen, die planetarischen Reiche, die die verführerischen Götter anbieten, und auf das Nirvana (himmlisches Glück) aus Liebe zur Menschheit verzichtet, wird dreimal ehrenhaft bestätigt und erlangt nach Ewigkeiten das Recht, ins Absolute einzutreten.

Das Absolute ist das Leben, das frei von Bewegung ist, es ist die höchste Wirklichkeit, der abstrakte Raum, der sich nur als abstrakte, absolute Bewegung ausdrückt, das Glück ohne Ende, die vollkommene Allwissenheit. Das Absolute ist das unerschaffene Licht und die vollkommene Fülle, das absolute Glück, das Leben, frei in seiner Bewegung, das Leben ohne Bedingungen, ohne Grenzen.

Wir müssen mit dem Prozess des Ich aufhören, um das Recht zu erhalten, absolut zu sein. In seiner höchsten Verfeinerung verwandelt sich das Ich in ein gefährliches Kind. Das Ich vieler Meister des Nirvanas führt uns in Versuchung, indem es sagt: Verlasse den harten Weg und komm ins Nirvana, wir sind glücklich. Indem sie unseren Schmerz bemitleiden, führen sie uns in Versuchung mit dem nirvanischen Glück.

Das Ich der Engel, Erzengel, Seraphim, Mächte, Tugenden, Thronen und Hierarchien verschiedener Herrlichkeiten hat immer den unschuldigen Aspekt eines schönen Kindes; dieses göttliche Ich begehrt Grade, Einweihungen, Kräfte, göttliche Titel, nirvanische Würde und göttliche Herrschaft. Das göttliche Ich ist der vollständig verfeinerte Ich-Mensch selbst.

Hört mich an, Menschen und Götter! Hört mich an, oh, Engel des Nirvana! Hört mich an, planetarische Götter, glückselige Wesen, göttliche Nirvanis! Hört mich an! Wir sagen: der lange und bittere Pfad der Pflichten, der uns direkt zum Absoluten führt, ist besser, als das Glück des Nirvana. Wir, die wir dem Pfad der Pflicht folgen, wollen diesen Pfad nicht verlassen. Weh denjenigen, die den harten Pfad verlassen, sie werden im Karma der Welten verstrickt bleiben!

Wir, die wir die Menschheit so sehr lieben, sagen: Solange es eine einzige Träne in den menschlichen Augen gibt, solange es ein einziges leidendes Herz gibt, weigern wir uns, das Glück anzunehmen.

Statt Grade, Kräfte, Einweihungen und göttliche Herrschaft zu begehren, müssen wir uns anstrengen, der leidenden Menschheit nützlich zu sein. Wir müssen uns anstrengen im Gesetz des großen Dienstes, müssen die fruchtbare Arbeit im großen Werk des Vaters suchen, müssen die Mittel suchen, um der armen leidenden Menschheit immer nützlicher zu sein; das ist besser, als innere Titel, Einweihungen, esoterische Grade und planetarische Reiche zu begehren.

Die Persönlichkeit, die Individualität und das Ich sind die Ketten, die uns an den harten Fels des Schmerzes und der Bitterkeit fesseln.

Die Götter und die Menschen unterliegen dem Schmerz des eingeschränkten Lebens.

Im Absoluten begeben wir uns jenseits des Karma und der Götter, jenseits des Gesetzes. Der Verstand und das individuelle Bewusstsein dienen nur dazu, uns im Leben zu quälen. Im Absoluten haben wir keinen Verstand und kein individuelles Bewusstsein, dort sind wir das unbeschränkte Sein, frei und vollkommen glücklich.

Das Absolute ist Leben, frei in seiner Bewegung, ohne Bedingungen, ohne Grenzen, ohne die quälende Angst des Gesetzes, das Leben jenseits des Geistes und der Materie, jenseits des Karma und des Schmerzes, jenseits der Gedanken, des Wortes und der Handlung, jenseits der Stille und des Klanges, jenseits aller Formen.

Das Absolute ist abstrakter absoluter Raum, abstrakte absolute Bewegung, absolute Freiheit ohne Bedingungen, ohne Vorbehalte, absolute Allwissenheit und absolutes Glück.

Wir müssen mit dem Prozess des Ich aufhören, um in das Absolute einzutreten. Das menschliche Ich muss in das Haus der Toten eintreten, muss in das Massengrab der astralen Überreste fallen, muss sich im Abgrund auflösen, damit das Sein voller Herrlichkeit und Macht geboren wird.

Das Ich vieler Meister erfreut sich an seinen Kräften und Herrschaften, es erklärt sich selbst als göttlich und kleidet sich mit unglaublicher Herrlichkeit und Schönheit. Das Ich vieler Meister entkleidet sich wie eine Hure, um seine Formen und Kräfte den anderen zu zeigen. Es vergnügt sich, indem es seine Visionen erzählt, damit andere es anbeten. Es spricht von seinen Einweihungen und erzählt seine geheimen Dinge. Es ist wie der Geizhals, der lebt, um sein Geld zu zählen, es ist wie der Betrüger, der voller Stolz ist und ständig von seinem blaublütigen Familienstamm und seinen großen Reichtümern spricht.

Hört mich an, Menschen und Götter! Die Einweihungen sind Erweckungen des Bewusstseins, innerliche Angelegenheiten des Bewusstseins. Lernen wir zu schweigen, demütig zu sein, bescheiden zu sein! Die wahre Evolution ist im Bewusstsein, nicht im Ich. Das Ich evolutioniert nicht, es verkompliziert sich nur, das ist alles.

Das mineralische Bewusstsein evolutioniert, wenn es als pflanzliches Bewusstsein erwacht. Jedes mineralische Atom ist der physische Körper einer elementaren Kreatur voller Schönheit. Diese mineralischen Elementargeister, die ihre Sprache und ihr Bewusstsein besitzen, versammeln sich in Stämmen oder Familien und ähneln unschuldigen Kindern. Über der mineralischen Stufe ist das subtile Reich der Pflanzen. Das pflanzliche Bewusstsein evolutioniert auch, bis es als animalisches Bewusstsein erwacht. Jede Pflanze ist der Körper eines elementaren Kindes, das danach strebt, in das Reich der Tiere einzutreten. Das animalische Bewusstsein evolutioniert auch, bis es als menschliches Bewusstsein erwacht. Viel später erwacht der Mensch als Engel, Erzengel, usw.

Das Ich ist nur eine Larve, dieselbe Larve der Schwelle, die sich immer mehr verkompliziert. Das Ich ist die innere Bestie, die die vier Körper, den physischen, den ätherischen, den astralen und den mentalen, kontrolliert. So ist dieses Persönlichkeit genannte Ungeheuer aufgebaut. Das Ich vieler Meister möchte jetzt keine politischen Stellungen mehr, sondern es möchte spirituelle Stellungen, es erfreut sich als Führer und kämpft um hohe Stellungen in der Hierarchie innerhalb der Schulen, Logen und spirituellen Bewegungen.

Wir müssen mit dem Prozess des Ich und der Persönlichkeit aufhören, um das Recht zu Sein zu erhalten, wir müssen der Individualität ein Ende setzen, um das Recht zu haben, die Krone der Gerechtigkeit zu erhalten. Nur das unpersönliche Leben und das Sein können uns die rechtmäßige Glückseligkeit des großen Lebens, frei in seiner Bewegung geben.

Die Tempelzeremonie

Der Tempel feiert ein Fest und auf dem Altar brennt eine wunderbare Lampe. Eine dreifarbige Flagge flattert siegreich im heiligen Raum; auf dieser Flagge strahlen das Blau des Vaters, das Gelb des Sohnes und das Rot des Heiligen Geistes. In der Kammer der Reflexion warten die Heiligen Drei Könige, die zum Tempel gekommen sind, geführt von der mystischen Sonne, dem Stern von Bethlehem. Jesus, der erhabene Bodhisattwa hat sich vor den Altar gesetzt; er trägt eine Tunika aus weißem Leinen und sein Kopf ist mit einem weißen Umhang bedeckt. Der Himmel ist voller dichter Wolken und es regnet im Übermaß.

So steht es vom Propheten geschrieben: „Und du, Bethlehem im Land Judäa, bist nicht sehr klein unter den Fürstentümern Judäas, denn von dir wird ein Führer kommen, der mein Volk Israel hüten wird."

Hier wohnt dieser Hirte seiner spirituellen Geburt bei; dies ist die Weihnacht des Herzens. Jetzt erhebt sich der gute Hirte und geht zu einem heiligen Raum des Tempels; ein schrecklicher göttlicher Blitz erhellt die Finsternis. In diesen schrecklichen Augenblicken tritt der innere Meister in seinen Bodhisattwa, der seine erste Schlange durch den Stab bereits erhoben hat; der Bodhisattwa Jesus war vorbereitet.

Die Heiligen Drei Könige kamen, um das Kind anzubeten, dessen Name Jesus, der Christus war; das ist die Geburt des Meisters, das ist die Weihnacht des Herzens. „Die Söhne Gottes werden weder aus Blut gezeugt, noch mit der Willenskraft des Fleisches, noch mit der Willenskraft des Mannes, sondern nur von Gott."

Die Heiligen Drei Könige beteten Jesus im Tempel an; Jesus sprach erhabene Dinge. Oh Jehova! Mein Gott! Wie schrecklich war jener Blitz, der vom Himmel herabfuhr! Jesus war in einen mysteriösen Raum des Tempels hinaufgestiegen und dieser prächtige Raum war von schönen Balustraden umgeben. Der Meister legte seinen Umhang ab und setzte sich auf einen Sessel; in diesem Augenblick fuhr der Blitz vom Himmel und sein inneres Sein trat in ihn ein.

Was aus Fleisch geboren wird, ist Fleisch; was aus dem Geist geboren wird, ist Geist. Jesus wurde im Geist und in Wahrheit geboren. Ein Chor von Engeln sang voller Freude und die Heiligen Drei Könige beteten den guten Hirten an. „Ehre dem Gott im Himmel und Friede auf Erden den Menschen mit gutem Willen."

Jesus war ein Mann von mittelgroßer Statur, mit einem dunklen, von der Sonne verbrannten Gesicht. Jesus hatte schwarze Haare und wenig Bart. Seine Augen waren schwarz und durchdringend, seine Stirn hoch, seine Nase hakenförmig und seine Lippen fein und stark.

Die mystische Geburt Jesu ist die erste Einweihung in die höheren Mysterien.

Die heilige Familie flieht nach Ägypten

Nachdem Jesus in Bethlehem in Judäa geboren worden war, so wie es die Propheten gesagt hatten, versammelte sich das Kollegium der Eingeweihten in einem großen Saal im Palast von Herodes, mit der Absicht, dem König die spirituelle Geburt des Erretters der Welt mitzuteilen.

Herodes war ein Mann von mittelgroßer Statur, schlankem und zierlichem Körper, rötlichem und jungenhaftem Gesicht; er kleidete sich nach dem Brauch seiner Zeit und bedeckte seinen Kopf mit einem glänzenden Kriegerhelm.

Herodes saß an seinem Schreibtisch, hörte den Bericht der Eingeweihten, aber glaubte nicht daran, er akzeptierte nicht, dass Jesus der verheißene Messias wäre und mit vielen Argumenten wies er den Bericht der Eingeweihten entrüstet zurück.

Jesus sprach zu Herodes: „Du bist Justinian, du bist gerecht, aber du hast mich noch nie gemocht."

Da sprach Herodes voller Wut vor den Versammelten und sagte: „Esst den Mond nicht!" Damit wollte Herodes sagen, dass man den Mondkult nicht aufgeben sollte.

Alle Religionen dieser Rasse sind lunar; die jüdische Religion ist lunar.

Herodes war äußerst konservativ und so verteidigte er die konservative jüdische Tradition. Herodes verteidigte die alte Priesterklasse des Volkes von Judäa. Herodes wies den Erretter der Welt zurück.

Diese Versammlung im Palast von Herodes war transzendental, in dieser Versammlung der Eingeweihten verkündete man die neue Zeit der christlich-solaren Entwicklung der Welt.

Herodes, der offensichtlich konservativ war, hielt an der lunaren Vergangenheit fest, an den Vorurteilen der Rasse, und er wollte nicht akzeptieren, dass Jesus der Erretter der Welt war.

Diese Versammlung von Eingeweihten scheiterte. Also befahl Herodes, die Eingeweihten zu töten, er befahl seinen Soldaten, alle Kinder zu töten – die Eingeweihten werden esoterisch Kinder genannt; die Kinder sind also die Eingeweihten, die Herodes töten ließ. Die Soldaten gingen durch die Straßen Bethlehems und töteten die Eingeweihten; so erfüllte sich die Prophezeiung von Jeremias, der sagte: „Ein Geschrei ist in Rama zu hören, bitteres Klagen und Weinen. Rahel weint um ihre Kinder und will sich nicht trösten lassen, denn sie sind dahin“. (Jer. 31:15)

Jesus konnte sich retten, und er floh in das Land Ägypten; das geschah im Winter und es regnete viel. Jesus musste das raue Wetter heldenhaft ertragen. Als das geschah, waren Josef und Maria alte Menschen; sie litten sehr wegen ihres Sohnes Jesus. Die Heilige Familie reiste über Land und Wasser, um nach Ägypten zu gelangen.

Jesus in Ägypten

Im Land Ägypten trat Jesus in eine Pyramide ein, als Schüler der Mysterien und eine Vestalin mit einer weißen Tunika überreichte ihm die ersten Papyrusrollen, damit er sie studierte.

Die Bäume von Eden sind zwei: der Baum der Erkenntnis des Guten und des Bösen und der Baum des Lebens.

Der Baum der Erkenntnis des Guten und des Bösen ist die Sexualität, der Baum des Lebens ist das Sein. Jede wahre kulturelle Lehre muss diese zwei Bäume ernsthaft studieren, denn das Studium eines Baumes ohne den anderen gibt nur unvollständiges Wissen und ist nutzlos. Wozu dient es, das Sein zu studieren, wenn wir die Sexualität nicht kennen? Wozu dient es, die Sexualität zu studieren, wenn wir das Sein nicht kennen?

Beide Bäume gehören dem Eden an und teilen ihre Wurzeln. Das sind die zwei großen Hauptsäulen der Weißen Loge: Weisheit und Liebe. Die Weisheit ist der Baum der Erkenntnis des Guten und des Bösen, und die Liebe ist der Baum des Lebens. In Ägypten studierte man die Lehre der zwei Bäume sehr tiefgründig.

Der tödliche Schatten des Baumes des Lebens ist das Ich; der tödliche Schatten des Baumes der Erkenntnis ist die Unzucht. Die Menschen halten die Schatten für die Wirklichkeit. Wer mit dem Prozess des Ich aufhört, verwirklicht das Sein in sich selbst. Wer mit der Unzucht aufhört, verwandelt sich in einen Christus.

Jesus erfuhr schreckliche Reinigungen im Tempel; ein Meister gab ihm täglich Anweisungen. Eines Tages, als er eine Treppe herabstieg, wurde er von einer Frau in Versuchung geführt; Jesus siegte, weil er die Versuchung besiegte. Der Meister wurde viele Male geprüft, der Kampf mit dem Ich war schrecklich. Der Bodhisattwa war in vergangenen Reinkarnationen gefallen, und Jesus musste seine fünf gefallenen Schlangen wieder erheben; die sechste und die siebente Schlange gehören dem Meister an. Kein Meister fällt, wer fällt, ist der Bodhisattwa.

Der Bodhisattwa ist die Willensseele, die menschliche Seele. Die menschliche Seele ist mit den vier Körpern der Sünde bekleidet: dem Physischen, dem Ätherischen, dem Astralen und dem Mentalen. Die Schlange jedes dieser vier Körper der Sünde war gefallen und Jesus musste sie erheben.

Die fünfte Schlange, die der menschlichen Seele, war auch gefallen und er musste sie erheben. Er war Tausende Male auf unserer Erde reinkarniert gewesen und er war gefallen. Der Sohn Gottes war voller Herrlichkeit, aber der Sohn des Menschen war gefallen und erhob sich. Der Sohn Gottes ist der innere Christus jedes Menschen, der auf die Welt kommt.

Jesus studierte in der Schule der Eingeweihten. In jener Zeit führte eine finstere Person der Schatten Krieg gegen die Eingeweihten in Ägypten, aber diese blieben standhaft im Licht.

Ein Lehrer lehrte Jesus die großen Mysterien der Sexualität. Innerhalb der Pyramide gab es ein prächtiges Hochzeitszimmer; in diesem Raum des Tempels praktizierte Jesus die Sexualmagie mit seiner Frau; diese priesterliche Frau mit heller Haut, blondem Haar und einer wunderschönen Seele war eine sehr hohe Eingeweihte des Tempels. Jesus war ein Mann und ein Gott; als Mann war er vollkommen und hatte seine Frau.

Während der Trance der Sexualmagie sprach Jesus die heiligen Mantrams in dieser Reihenfolge: INRI, ENRE, ONRO, UNRU, ANRA. Der Meister sprach diese Mantrams, indem er den Klang jedes Buchstabens so verlängerte:

Iiiiiiiiiiiiiiiiinnnnnnnnnnnnn....rrrrrrrrrrrriiiiiiiiiiiiii....

Eeeeeeeeeeeennnnnnnnnnnnnn....rrrrrrrrrrrreeeeeeeeee....

Ooooooooonnnnnnnnnnnnn....rrrrrrrrrrrrroooooooo....

Uuuuuuuuunnnnnnnnnnnnn....rrrrrrrrrrrrruuuuuuuuu....

Aaaaaaaaaaannnnnnnnnnnnn....rrrrrrrrrrrraaaaaaaaaa....

Das Mantram INRI erweckt den sechsten Sinn, der sich zwischen den Augenbrauen befindet, dann können wir die Gedanken Anderer lesen und alle Dinge der inneren Welten sehen.

Das Mantram ENRE erweckt das magische Gehör, dann können wir Tausende von Meilen weit hören und den Stimmen der inneren Welten zuhören.

Das Mantram ONRO hat die Macht, die Intuition zu öffnen, den siebenten Sinn, der im Herzen und in der Zirbeldrüse wohnt; es ist die Stimme der Stille im Herzen und die Vielsichtigkeit oder das intuitive Sehen der Zirbeldrüse. Der Intuitive sieht alles und weiß alles, er ist allwissend, mächtig.

Das Mantram UNRU erweckt in uns den Sinn der Telepathie, und dann können wir die Gedanken der Menschen in der Entfernung wahrnehmen. Sein Chakra befindet sich im Solarplexus über dem Bauchnabel.

Das Mantram ANRA erweckt in uns die Chakras der Lungen, und dann können wir uns an unsere vergangenen Reinkarnationen erinnern. Diese Sinne gleichen Lotusblumen im Astralkörper. Jesus ließ diese Lotusblumen während der Sexualmagie rotieren.

In diesem Augenblick, in denen der Mann und die Frau sexuell vereinigt sind, voller Elektrizität und kosmischem Feuer, kann Kundalini erwachen und lässt die Chakras, die magnetischen Scheiben oder Räder des Astralkörpers sich drehen. Mit der sexuellen Kraft können wir alle Kräfte des Astralkörpers erwecken. Mit der sexuellen Kraft verwandeln wir uns in Engel.

Der Meister sprach auch das große Mantram AUM, das esoterisch AOM ausgesprochen wird: man öffnet den Mund mit dem A, rundet ihn mit dem O und schließt den Mund mit dem M. Alles wird mit dem A gezeugt, entwickelt sich mit dem O und wird mit dem M geboren. Wer geboren werden will, muss in den Leib einer Frau eintreten, um das Recht zu erhalten, geboren zu werden. Man muss jeden Buchstaben des AOM verlängern.

Das Mantram IAO wurde auch vom Meister Jesus während der Trance der Sexualmagie vokalisiert. Jesus wusste, wie man sich rechtzeitig zurückzieht, um dem Samenerguss zu vermeiden; so erweckte er alle okkulten Kräfte.

Das Mantram IAO wird ausgesprochen, indem man alle Vokale einzeln verlängert, ohne sie zu verbinden:

Iiiiiiiiiiii....

Aaaaaaaaa....

Ooooooo....

Das Mantram IAO hat die Kraft, die heilige Schlange zu erwecken.

Jesus wusste seine Frau zu lieben, und so erweckte er das heilige Feuer des Heiligen Geistes und durchlief die 33 heiligen Kammern des Tempels.

Gott strahlt über dem perfekten Paar. Es gibt nichts Schöneres, als die Frau. Die Freuden der Liebe verwandeln uns in Götter. Wenn die Frau zu lieben weiß, verwandelt sie sich in eine Göttin, wenn der Mann zu verehren weiß, verwandelt er sich in einen Gott.

Die fleischliche Leidenschaft verfärbt die Aura in ein schmutziges Blutrot, aber wenn wir die Leidenschaft beherrschen, verwandelt sich diese Farbe in ein Rosarot. Es ist besser, zu lieben, als zu theoretisieren; es ist viel besser, zu lieben, zu verehren und zu küssen, als komplizierte Theorien zu lesen. Aber tötet Satan!

Goethe sagte: „Alle Theorie ist grau, nur der Baum mit den goldenen Früchten, der das Leben ist, ist grün.“

Die 33 Kammern des Tempels

In Ägypten gab es einen unterirdischen Gang, der 33 Kammern hatte. Jeder unserer Wirbel steht mit einer entsprechenden Kammer des Tempels in Verbindung. In den inneren Welten heißen diese Wirbel Hülsen (*span.: cañones). Die Schlange steigt durch die Wirbelsäule von Hülse zu Hülse auf.

Mit einer einzigen Samenejakulation steigt die Schlange eine oder mehrere Hülsen ab, je nach der Schwere des Fehlers; die Wiedereroberung dieser Hülsen ist außerordentlich schwierig.

Unser Herr Christus sagte uns: „Der Schüler darf sich nicht fallen lassen, denn wer sich fallen lässt, muss danach sehr kämpfen, um das Verlorene wiederzugewinnen."

Die Sexualmagie kann nur zwischen Mann und Frau in rechtmäßigen Ehen ausgeübt werden. Wer Sexualmagie mit verschiedenen Frauen praktiziert, begeht Ehebruch, und kein Ehebrecher oder keine Ehebrecherin erreicht etwas. Es gibt Frauen und Männer, die ehebrechen mit dem Vorwand, die Sexualmagie zu praktizieren, um den anderen zu helfen. Dieses Wissen zu benutzen, um den Ehebruch zu rechtfertigen, ist ein schreckliches Verbrechen gegen den Heiligen Geist. Der Ehebrecher versinkt in der äußeren Finsternis, wo man nur Heulen und Zähneknirschen hört.

Die Sexualmagie kann nur in rechtmäßig gegründeten und geordneten Familien praktiziert werden. Unglücklich ist derjenige, der die Sexualmagie benutzt, um den Ehebruch zu rechtfertigen!

In Bethlehem konnte Jesus auf mystische Weise geboren werden, weil er die erste Schlange erhob (die des physischen Körpers); in Ägypten begann er seine Arbeit mit der zweiten Schlange (der des ätherischen Körpers). Dank der Priesterin konnte er mit der zweiten Schlange arbeiten, und in dem Maße, in dem diese Schlange durch die Wirbelsäule des ätherischen Körpers aufstieg, schritt der Meister in dem unterirdischen Gang von Kammer zu Kammer.

Jeder Wirbel hat seine speziellen Bedingungen, seine Tugenden und seine Prüfungen, Versuchungen und Gefahren. Die Finsteren greifen uns bei jedem Wirbel an. In jedem der 33 Kammern des Tempels studierte Jesus die schrecklichen Mysterien und erhielt geheime Kräfte.

Als die Schlange des ätherischen Körpers die Stelle zwischen den Augenbrauen erreichte, erstrahlte die Sonne des Vaters im Regen der Nacht, und der Stern der Einweihung mit einem Auge in der Mitte, erstrahlte auf dem Haupt Jesu von Nazareth. Zwischen den Augenbrauen erstrahlte die Kirche von Philadelphia, wie die Sonne in all ihrer Schönheit.

Jesus kleidete sich mit der Tunika aus weißem Leinen und die Eingeweihten legten einen makellos weißen Umhang über seinen Kopf.

Ein unglaubliches kosmisches Fest ließ die Herrlichkeit des Tempels erstrahlen und herrliche Melodien füllten die sternenbedeckten Himmel des Geistes mit kosmischer Freude. So beendete der Bodhisattwa Jesus die zweite Einweihung der höheren Mysterien, so erhielt er seine zweite Geburt; die zweite Schlange öffnete seine sieben Kirchen im ätherischen Körper vollständig, und dieses wundervolle Vehikel leuchtete voller Herrlichkeit.

All das erreicht man mit der Liebe und der Frau. Gesegnet sei die Frau, gesegnet sei der Mann, der mit Weisheit zu lieben weiß.

„Ihr alle werdet Götter werden, wenn ihr Ägypten verlasst und das Rote Meer überquert."

Wenn der Mensch seinen ätherischen Körper christifiziert, betritt er Eden und wird zum Bewohner Edens. Der christifizierte ätherische Körper ist das Hochzeitsgewand der Seele, der Körper aus Gold. Die zweite Schlange öffnet uns die Kräfte des ätherischen Körpers und wir erhalten die Kraft, mit dem ätherischen Körper zu reisen. Die Frau erhält all das, wenn sie den sexuellen Impuls bremst und den Samenerguss vermeidet.

Der Mann erhält all das, wenn er weiß, wie man sich rechtzeitig zurückzieht, um die Samenejakulation zu vermeiden. Auf diese Weise entwickelt sich Kundalini, sie evolutioniert und schreitet in der Aura des solaren Logos voran.

Jesus ätherischer Körper wurde gekreuzigt und erhielt seine fünf Stigmata. Bei jeder großen Einweihung müssen wir das ganze Drama von Golgatha erleben; Jesus ätherischer Körper wurde zum Christus. Die sieben Kirchen des ätherischen Körpers von Jesus erstrahlten voller Herrlichkeit.

Die dritte Schlange

Nachdem er seine Arbeit mit der zweiten Schlange beendet hatte, begann der Meister seine Arbeit mit der dritten Feuerschlange, die dem Astralkörper angehört. Die Arbeit mit jeder dieser Schlangen ist sehr lang und schwierig. Kundalini muss langsam durch den zentralen Kanal der Wirbelsäule aufsteigen.

Diese Arbeit ist langsam und anstrengend. Jeder einzelne der 33 Wirbel ist voller Bedingungen und moralischer Anforderungen der Heiligung; das ist der Schrecken der Liebe und des Gesetzes. Der Aufstieg jeder Schlange bedeutet viele Jahre voller Arbeit und Heiligung. Nur einen einzigen Wirbel zu gewinnen, ist eine Heldentat.

Die dritte Schlange steigt durch den Hauptkanal der Wirbelsäule des Astralkörpers auf und öffnet die Chakras; diese Feuerschlange öffnet die sieben Kirchen im Astralkörper, so verwandelt sich der Astralkörper des Meisters vollkommen. Die dritte Schlange erreicht das Herz, indem sie einem geheimen Weg von der Stelle zwischen den Augenbrauen bis zur dritten heiligen Kammer des Herzens folgt; das Herz hat sieben Kammern.

Auf diesem geheimen Weg von der Stelle zwischen den Augenbrauen bis zum Herzen gibt es sieben schreckliche Kammern; all das ist der Schrecken der Liebe und des Gesetzes.

Wenn die dritte Schlange die Kirche von Thyatira im Astralkörper öffnet, wird der Eingeweihte mit zwei kleinen feurigen Flügeln ausgestattet; diese Flügel geben uns die Kraft, auf der Stelle in jegliche kosmische Bewusstseinsebene einzudringen, und die Geister der Bewegung zeigen uns, wie man den Astralkörper und die Gesetze der kosmischen Bewegung lenkt. Als die dritte Schlange das Herz erreichte, trat der Meister Jesus in einen großen erleuchteten Saal des Tempels, und er durchschritt ihn voller Herrlichkeit. Der Meister erstrahlte voller Würde und Kraft, sein Astralkörper glänzte voller Göttlichkeit.

In seinem Astralkörper durchschritt der Meister Jesus den Einweihungsprozess des Todes, der Wiederauferstehung und der Himmelfahrt.

Durch das Feuer extrahieren wir aus der Astralebene einen seelischen Extrakt: die bewusste Seele (die bewussten und sephirotischen Werte aus dem Astral), die einem wunderschönen Kind gleicht. Drei Tage lang bleibt dieses wunderschöne Kind in seinem heiligen Grab; am dritten Tag ersteht es auf und verschmilzt mit dem Innersten oder inneren Sein. Nach dieser esoterischen Auferstehung stieg Jesus in die atomaren Höllen der Natur hinab.

Im Abgrund müssen wir alle Boshaftigkeiten unserer vergangenen Reinkarnationen wiederholen.

Der Meister Jesus verbrachte vierzig Tage im Abgrund. Vor der Himmelfahrt öffnet sich die Tür des Abgrundes, die sich im Unterleib befindet, wir werden mit Feuer geprüft und man lehrt uns den inneren Tierkreis. Unsere Evolution begann unter der Konstellation des Löwen und wird mit dem Löwen enden.

Vierzig Tage lang singen die Meister in einem geschlossenen Tempel in einer heiligen Sprache, um uns zu helfen, aus dem Abgrund zu steigen; die Macht des Wortes ist schrecklich göttlich. Im Abgrund verabschieden wir uns endgültig von der Finsternis.

Während dieser vierzig Tage entsagt der Eingeweihte dem sexuellen Akt, und nach dem die vierzig Tage vergangen sind, kehrt er zu seinen Ritualen der Sexualmagie zurück. Seit wir Menschen Eden verlassen haben, versinken alle Menschen im Abgrund, und wir merken nicht, dass wir uns dort befinden, außer, wenn wir dabei sind, den Abgrund zu verlassen.

Alle Religionen und modernen spirituellen Organisationen gehören dem Abgrund an. Theosophen, Rosenkreuzer, Spiritisten, Aquarianisten, usw., sie alle gehören dem Abgrund an; es schmerzt, das zu sagen, aber es ist die Wahrheit.

Nach den vierzig Tagen kam die Himmelfahrt des Meisters, er stieg zum Vater auf und empfing den Heiligen Geist. Im Tempel spielten vier Engel ihre Trompeten und kündigten die Himmelfahrt des Eingeweihten an; die weiße Taube des Heiligen Geistes mit ihrem majestätischen Kopf eines Greises erwartet uns, und dann treten wir voller Ruhm und Glückseligkeit in den Tempel ein. Der Heilige Geist erfüllt uns mit Kraft, Weisheit und Würde. Jesus trat in den Tempel und erhielt die dritte Einweihung der höheren Mysterien. Der Altar war mit allen Arten von Blumen geschmückt. Die Meister nahmen teil, bekleidet mit ihren Tuniken aus weißem Leinen, und sie bedeckten ihre Häupter mit makellos weißen Umhängern, die ihnen bis zu den Füßen reichten. Die kosmische Musik hallte majestätisch in den heiligen Hallen der Tempel wider; die Einweihungszeremonie war majestätisch. So beendete Jesus die Rekapitulation der dritten großen Einweihung der höheren Mysterien. In antiken Zeiten und vor Ewigkeiten verschwundenen Welten hat Jesus Christus alle neun Einweihungen der höheren Mysterien durchlebt und trotzdem musste der Bodhisattwa alles wiederholen und das Verlorene wiedererobern, denn er war in vergangenen Reinkarnationen gefallen.

Diese großen Einweihungen erhält man in den inneren Welten. Hört, Brüder, wie viel man mit der Liebe erreicht! Frauen, seht die unglaublichen Dinge der Liebe!

Die dritte große mystische Geburt Jesu wurde dank der Tempelpriesterin erreicht. Die sieben Worte erhält man in der dritten Einweihung. Die Sexualmagie ist das große Arkanum, das Arkanum der Liebe.

Lasst euch nicht von den Zögerlichen überreden und auch nicht von den Ängstlichen behindern! Durch das Lesen von Theorien werdet ihr nichts erreichen. Die spirituellen Schulen sind voller ängstlicher Theoretiker; lasst euch nicht von ihnen überreden, flieht vor ihnen, sie sind gefährlich!

Praktiziert die Sexualmagie, und ihr werdet euch in Götter verwandeln. Das ist die Lehre des Zeitalters des Wassermannes, das ist der Gnostizismus, das ist die fünfte Wahrheit, das ist die Lehre, die Jesus seinen siebzig Jüngern im Geheimen lehrte.

Das Geheimnis aller Geheimnisse ist der Stein Shemhamphorash; das ist der kubische Stein von Jesod, der philosophische Stein, die Sexualität. Dies ist die Sexualmagie, die Liebe; gesegnet sei die Liebe!

Die Bibel erzählt uns, dass Jakob den Stein weihte, als er aus seinem Traum erwachte, er salbte ihn mit Öl und segnete ihn. Von diesem Augenblick an begann Jakob die Sexualmagie zu praktizieren; später inkarnierte er seinen inneren Meister, sein wahres Sein. Jakob ist der Engel Israel.

Jesus wurde mächtig mit den Stein Shemamphorash.

Die vierte Schlange

Als der Meister seine vierte Schlange erweckte, klopfte er drei Mal an eine Tür und trat in einen leuchtenden Saal voll herrlicher Musik und wunderschöner Blumen. Vier Meister, aufgeteilt in zwei Gruppen empfingen ihn. Diese Meister strahlten voller Würde und jeder Einzelne hielt in seiner rechten Hand das Schwert der kosmischen Gerechtigkeit; sie hielten den Griff des Schwertes an ihr Herz; die enthüllten Schwerter erhoben sich voll schrecklicher Macht. Der Meister Jesus stellte sich zwischen zwei der Meister, während eine unaussprechliche Musik durch den Raum hallte. Die Schlange des Mentalkörpers Jesu erwachte durch die intensive Übung der Sexualmagie mit der schönen Tempelpriesterin. Ohne die Frau erreicht man nichts und die Frau auch nicht ohne den Mann; mit der Sexualmagie erreicht man alles, es gibt nichts wie das Glück der Liebe.

Dann trat der Meister in einen Lehrsaal und alle Schüler saßen auf ihren Schulbänken, dort wurde die Weisheit des kosmischen Verstandes studiert; Jesus trat voller Demut in diesen Saal, wie ein Schüler.

Der Mentalkörper ist der Esel, auf dem wir reiten müssen, um siegreich in das himmlische Jerusalem (die höheren Welten) zu gelangen, dort werden wir mit Palmzweigen, Lob und Festlichkeiten empfangen. Der Mentalkörper ist materiell, dicht.

Die vier Körper der Sünde, der physische, der ätherische, der astrale und der mentale sind materiell. Der Verstand ist das widerspenstigste Tier, das wir in uns haben, und wir müssen diesen Verstand auf dem Opferaltar opfern. Der Verstand ist das Versteck des Begehrens und der Bösartigkeit.

Wenn wir einen Stein in einen See werfen, sehen wir, wie sich Wellen bilden, die sich von der Mitte nach außen bewegen, diese Wellen sind die Reaktion des Wassers auf den Einschlag des Steines, und genauso ist der Verstand, er reagiert ständig auf

Eindrücke der äußeren Welt: wenn man uns beleidigt, wollen wir zurückschlagen, wenn man uns in Versuchung führt, reagieren wir mit sinnlicher Leidenschaft, wenn man uns lobt, lächeln wir, wenn man uns tadelt, antworten wir mit Boshaftigkeit. Der Verstand ist wie ein Esel, wenn man ihn schlägt, läuft er schneller, und wenn nicht, langsamer. Krishnamurti, der so viel über den Verstand spricht, hat es nicht geschafft, ihn zu christifizieren; die 33 Kammern der Wirbelsäule seines Mentalkörpers sind voller Finsternis, weil er seine vierte Schlange nicht erhoben hat, weil ihm die Sexualmagie fehlt.

Alle Begehren, Egoismen, Verbrechen und Perversitäten leben im Verstand des Menschen, und nur das Feuer kann diesen Abfall verbrennen.

Die Vernunft ist ein Verbrechen der Majestätsbeleidigung gegen den Innersten. Oft gibt der Innerste, das Sein, einen Befehl und der Verstand wehrt sich mit seinen Überlegungen. Der Innerste spricht durch Ahnungen oder Gedanken; der Verstand wehrt sich, indem er überlegt und vergleicht.

Die Überlegung basiert auf der Meinung, auf dem Kampf der gegensätzlichen Konzepte, auf dem Prozess der konzeptuellen Wahl, usw. Ein Verstand, der vom Kampf der Überlegungen geteilter ist, ist ein unnützes Werkzeug für das Sein, für den Innersten.

Die Stimme des Herzens ist die Stimme des Innersten; die Stimme des Innersten ist die Intuition.

Eine Handlung ohne Überlegung ist die richtige Handlung. Die intuitive Handlung ist gerecht, richtig und vollkommen. Die Menschheit des Wassermannzeitalters wird intuitiv sein. Die intellektuelle Kultur ist eine rein animalische Funktion des Ich. Die Intellektuellen sind voller Hochmut, Überheblichkeit und sexueller Leidenschaft. Der Intellekt basiert auf der Überlegung und ist teuflisch und dämonisch, es gibt Menschen, die glauben, dass sie Gott mittels des Intellektes kennenlernen können; wir sagen, dass nur Gott selbst sich kennt.

Es ist besser, die innere Meditation zu praktizieren, als die Zeit mit Überlegungen zu verlieren; mit der inneren Meditation können wir mit Gott, dem Innersten, dem Sein, dem Höchsten, sprechen.

So können wir vom inneren Meister lernen, so können wir die göttliche Weisheit zu Füßen des Meisters studieren.

Da die äußeren Sinne die Quelle der Information sind, ernährt sich der Intellekt von den äußeren Wahrnehmungen; diese Informationsquelle dient zu nichts, denn die äußeren Sinne sind absolut mangelhaft. Mit einem ungenauen Mikroskop kann man die Mikroben nicht studieren, und mit einem ungenauen Teleskop kann man die Sterne nicht studieren; man muss alle zwölf Sinne, die wir besitzen, erwecken.

Die Gedanken müssen still und ganzheitlich fließen, ohne den Kampf der Gegensätze, die den Verstand in widersprüchliche Konzepte teilen; ein geteilter Verstand kann dem Innersten nicht als Instrument dienen. Man muss mit dem Denken aufhören und die Intuition erwecken, nur so können wir die wahre Weisheit Gottes lernen, nur so bleibt der Verstand in den Händen des Innersten. Die wahren positiven Funktionen des Verstandes sind die Kunst, die Schönheit, die Liebe und die Musik; die mystische Kunst der Liebe, der göttlichen Architektur, der Malerei, des Gesanges, der Bildhauerei, die in den Dienst der Menschen gestellte Technik, jedoch ohne Egoismus, ohne Boshaftigkeiten oder Hass, usw. Der Intellekt ist die negative Funktion des Verstandes, er ist dämonisch.

Die vierte Schlange verwandelt den materiellen Verstand in den christlichen Verstand; diese Schlange steigt durch die Wirbelsäule des Mentalkörpers auf. Jesus trat, in dem Maße, in dem seine Schlange von einem Wirbel zum nächsten aufstieg, in jede der 33 Kammern der mentalen Welt; so verwandelte er seinen materiellen Verstand in den christlichen Verstand. Ohne das Feuer ist es unmöglich, den Verstand zu christifizieren und nur mit der Sexualmagie und der Liebe wird das Feuer erweckt.

Der menschliche Verstand wird von dem Hüter der Schwelle des Mentalkörpers kontrolliert. Dieses dämonische Geschöpf ist das mentale Ich. Bei der Prüfung dieses Hüters müssen wir es vertreiben und aus dem Mentalkörper werfen; es ist der Satan im Verstand, intellektuell und hochmütig, sehr rationell und unzüchtig. Jetzt können wir verstehen, warum der menschliche Verstand pervers ist. Die gefährlichsten Dämonen haben einen scheinheiligen Verstand und geben sich als Heilige aus.

Jesus siegte in allen Prüfungen und besiegte den Satan des Verstandes. Jesus erleuchtete seine 33 Kammern der Wirbelsäule mit dem Feuer des Heiligen Geistes und in jeder Kammer studierte er die schrecklich göttliche Weisheit.

In der mentalen Welt wohnen die gefährlichsten schwarzen Magier des Kosmos, sie haben ein erhabenes Aussehen, sie sprechen von unglaublichen und schönen Dingen, und dann raten sie auf sehr subtile Weise, den Samen zu ejakulieren; so bringen sie die großen Eingeweihten zum Fall.

Wir dürfen den Verstand nicht in einen Höheren und einen Niederen teilen. Der mentale Körper ist ein Organismus, ähnlich dem physischen Körper, wenn wir ihn in die Hände des Innersten legen, verwandeln wir uns in Götter, wenn wir ihn in die Hände Satans legen, verwandeln wir uns in Dämonen.

Man muss den Verstand mit der Peitsche der Willenskraft beherrschen, wir müssen auf diesem Esel reiten, um in das himmlische Jerusalem zu gelangen, nur so werden wir würdig, den mit den reinsten Atomen hergestellten Körper der Befreiung zu erhalten. Der Körper der Befreiung erscheint christisch und ist der Duft der Vollkommenheit, es ist der Körper der paradiesischen Menschen und er unterliegt weder Krankheiten noch dem Tod; dieser Körper ersetzt den Physischen, er besteht aus Fleisch, aber Fleisch, das nicht von Adam stammt.

Als die vierte Schlange Jesu die vierte Kammer des Herzens erreichte, gab es ein Fest im Tempel; alle Meister, bekleidet mit ihren Tuniken und weißen Umhängen nahmen ihre Plätze ein und verliehen ihm den Titel eines Buddhas. Jesus war, bevor er den Tempel betrat, in einem herrlichen Heiligtum, bekleidet mit einer Tunika und einem weißen Umhang.

So konnte sich Jesus dank der Liebe und der Sexualmagie von den vier Körpern der Sünde befreien; dank des sexuellen Zaubers verwandelte er sich in einen Drachen der vier Wahrheiten, in einen Buddha. Die vierte Schlange öffnete seine sieben Kirchen in der Welt des kosmischen Verstandes vollständig. Das kosmische Fest dieses Ereignisses war großartig: auf der Pyramide brannte eine herrliche Lampe; es gab eine große Prozession durch die Straßen der Stadt, mit den Fahnen des Sieges; die ägyptischen Volksmengen jubelten, von mystischer Begeisterung entbrannt, dem Meister zu; die Stadtwächter standen Spalier für den Umzug und mussten kämpfen, um die Ordnung bei den Bewegungen und Paraden der begeisterten Mengen aufrecht zu halten.

Heutzutage, wenn die Schüler den Grad des Buddhas erhalten, werden sie von der gesegneten Göttin Mutter der Welt im Tempel des Verstandes präsentiert, indem sie sagt: „Hier ist mein geliebter Sohn, hier ist ein neuer Buddha."

Sie setzt dem Sohn dann das Diadem von Shiva auf und legt ihm dem Umhang des Buddhas um. Sanat-Kumara ruft dann aus: „Ihr habt euch von den vier Körpern der Sünde befreit und ihr seid in die Welt der Götter eingetreten, ihr seid ein Buddha; wenn der Mensch sich von den vier Körpern der Sünde befreit, ist er ein Buddha, ihr seid ein Buddha!" Und er überreicht die Kugel des Imperators mit dem Kreuz darauf. In den höheren Welten findet dann ein feierliches Fest statt.

In Ägypten wurde diese Einweihungszeremonie in Fleisch und Blut durchgeführt, als die Einweihungsschulen noch nicht geschlossen waren.

Das Fest Jesu, des neuen Buddha, war feierlich, das heilige Land der alten Pharaonen erbebte vor Ruhm und die feierliche

Prozession war erhaben. Jesus führte den Umzug an und trug auf seinen Schultern ein großes Kreuz. Das Kreuz gehört wahrlich zu den großen Mysterien.

Das ganze Drama der Leidensgeschichte des Herrn wurde vor der Zeit Christi in den Tempeln der Mysterien dargestellt; Jesus repräsentierte dieses Drama in den Tempeln und später erlebte er es schmerzvoll in der geliebten Stadt der Propheten.

Der erste Meister von Jesus war Elchanam, der Zweite war der Rabbi Jehosuah Ben Perachiah, beide waren seine Lehrer in Palästina. Nun trug der siegreiche Buddha sein Kreuz in Ägypten, er hatte seine alten Lehrer übertroffen, er hatte sich in einen Buddha verwandelt.

Aus dem Mentalkörper wird ein seelischer Extrakt gewonnen, der sich mit dem Innersten verbindet, das findet im Tempel statt. So absolvierte Jesus siegreich seine vierte Einweihung der höheren Mysterien.

Das sexuelle Feuer brennt unaussprechlich im Tempel des Verstandes.

Die fünfte Schlange

Es war Winter und es war kalt in Ägypten, als der Meister Jesus in die Wüste ging; dort gab es einen alten, verlassenen und verfallenen Tempel der Mysterien. Der Meister trat in einen Saal und vor den großen Hierophanten niederkniend bat er mit aller Demut um Einlass in die schrecklichen Mysterien der fünften Schlange des brennenden Feuers.

Die großen weisen Ägypter nahmen ihn auf, und der Meister verließ den Saal und betrat ein kleines Heiligtum des verlassenen Tempels. Es war Winter und die Meister schützten sich mit weiß-blauen religiösen Umhängen vor der Kälte. So trat der Meister in die Mysterien der fünften Schlange ein, welche durch den Hauptkanal der Wirbelsäule der Willensseele aufsteigt.

Wir haben bereits gesagt, dass der Innerste zwei Seelen hat: die Willensseele und die Bewusstseinsseele. Die sechste Schlange ist die der Bewusstseinsseele, und die siebente Schlange ist die des Innersten. Es sind sieben Schlangen, zwei Gruppen von drei, mit der erhabenen Krönung der siebenten Feuerzunge, die uns mit dem Einen verbindet, mit dem Gesetz, mit dem Vater. So ist der Innerste mit seinen zwei Zwillingsseelen also der reine, unaussprechliche Geist.

Die vier materiellen Körper sind der Tempel des ewigen dreieinigen Geistes. Paulus von Tarsus sagte: „Erinnert euch, dass eure Körper Tempel des lebendigen Gottes sind, und der Höchste wohnt in euch.“ Der Höchste ist der Innerste in uns. Das Testament der Weisheit sagt: „Bevor die falsche Morgenröte über der Erde erschien, priesen diejenigen, die den Sturm und das Unwetter überlebt hatten den Innersten, und ihnen erschienen die Herolde der Morgenröte.“

Die menschliche Persönlichkeit ist der Wagen, der Verstand ist das Tier, das den Wagen zieht, der Innerste ist der Kutscher, die Zügel sind das Bewusstsein, und die Peitsche ist der Wille.

Weh dem Kutscher, der die Zügel nicht zu führen weiß! Weh dem Kutscher, der die Peitsche nicht zu gebrauchen weiß, denn er hätte Peitsche und Zügel, ohne sie benutzen zu können; die Bestie ohne Führung würde den Wagen in den Abgrund fahren, und dann würde der Innerste seinen Wagen verlieren. In der heutigen Zeit gibt es viele perverse, vom Innersten getrennte Menschen, es sind Unmengen, die einer schrecklich finsteren Evolution in den Abgrund folgen; all diese Personen haben Hörner auf der Stirn, das sind die Dämonen, und viele von ihnen erklären sich zu Propheten, Avataren, sie gründen spirituelle Schulen und sind mit funkender Intellektualität ausgestattet, manche von ihnen besitzen feine Manieren und eine ausgezeichnete Bildung.

In den hohen sozialen Schichten der Aristokratie gibt es Tausende von erlesenen, gebildeten, intellektuellen und sogar mystischen Menschen, die bereits vollständig vom Innersten getrennt sind; diese Seelen sind finstere Dämonen, die Hörner auf der Stirn haben und nur die vier Körper der Sünde besitzen: den Physischen, den Ätherischen, den Astralen und den Mentalen. Der unsterbliche dreieinige Geist haust leider nicht mehr in ihnen, und auch wenn sie in der physischen Welt leben, befinden sie sich innerlich im Abgrund.

Wir müssen den Verstand mit der Peitsche des Willens züchtigen und lernen, die Peitsche zu führen. Wir müssen die Willensseele christifizieren, indem wir den menschlichen Willen in christlichen Willen umwandeln; das sind die Mysterien der fünften Schlange.

Die christliche Willenskraft kann nur den Willen des Vaters ausführen, auf der Erde und im Himmel, und sie besitzt die ganze Würde der neun Symphonien Beethovens, die christliche Willenskraft ist unaussprechliche Musik und sie spiegelt die Großartigkeit des Wortes wider.

Die Menschen stellen ihren Willen in den Dienst der Bestie und deshalb scheitern sie. Der göttliche Meister sprach: „Vater, wenn es möglich ist, lasse diesen Kelch an mir vorübergehen, aber nicht mein Wille, sondern deiner geschehe.“ Dank seiner Priesterin konnte der göttliche Meister seine fünfte Schlange auf dem Stab erheben. Der Eingeweihte betritt den Tempel, wenn seine fünfte Schlange erwacht, dann ist der Altar mit dem heiligen Tuch der Veronika geschmückt. Das göttliche Angesicht mit der Dornenkrone ist das lebendige Zeichen der christlichen Willenskraft, die das vollkommene Opfer für das Wohl der armen leidenden Menschheit ist.

In der Welt des Willens tragen alle Eingeweihten ihr Kreuz.

Die christliche Willenskraft kann nur den höheren Befehlen gehorchen, sie respektiert den freien Willen der anderen und übt über niemanden Zwang aus, nicht einmal aus Spaß, denn das ist schwarze Magie. In der Welt des Willens wird die Seele gekreuzigt, um die Menschheit zu retten.

Der Aufstieg der fünften Schlange durch die Wirbelsäule der Willensseele ist sehr langsam und schwierig. Der Buddha Jesus von Nazareth betrat einen heiligen Raum, als die fünfte Schlange die fünfte heilige Kammer des Herzens erreichte; in diesem Augenblick sagte eine große ägyptische Eingeweihte: „Den Meister bekämpfen viele.“ Wahrlich, meine Brüder, alle Sekten, Religionen und Schulen streiten sich viel.

Da trat der Meister Jesus in einen großen Saal des Tempels; dort gab es mehrere alte Meister, die die Sexualmagie mit ihren Frauen ausübten, sie kämpften heroisch und strengten sich an, die fünfte Schlange zu erheben; ein großer Hierophant lächelte, als er die ehrwürdigen Greise betrachtete.

Die Sexualmagie ist das unaussprechliche Geheimnis des Großen Arkanum. In Ägypten wurden diejenigen, die es wagten, das große Arkanum zu verbreiten, zum Tode verurteilt, man köpfte sie, riss ihnen das Herz heraus, und ihre Asche wurde in alle vier Windrichtungen gestreut. Im Mittelalter wurden diejenigen, die das große Arkanum verbreiteten, getötet, entweder durch das Nessushemd, den Dolch, Gift oder das Schafott. Wir verbreiten das große Arkanum öffentlich, um das neue Zeitalter des

Wassermannes einzuführen; das große Arkanum ist die Sexualmagie.

Als Jesus die fünfte Schlange vollständig erhoben hatte, erhob auch er sich, denn er war gefallen.

Das Einweihungsfest des Buddha Jesus war großartig, die heiligen Tänzerinnen tanzten fröhlich im Tempel. Die Musik und die heiligen Tänze beinhalten Schlüssel von unglaublicher okkulter Kraft.

Indem er die Frau verehrte, liebte und mit ihr die Sexualmagie praktizierte, erhob die Jesus-Seele sich in Ägypten. Er musste weder die sechste noch die siebente Schlange erheben, denn das sind diejenigen des inneren Meisters und dieser fällt nie, wer fällt, ist die menschliche Seele oder der Bodhisattwa des Meisters. In diesem schwarzen Zeitalter gibt es viele gefallene Bodhisattwas, einer davon ist Andramelek, der heute, in einen schrecklichen Dämon verwandelt, in China inkarniert ist. Diese Bodhisattwas sind normale und gewöhnliche Menschen, und viele von ihnen sind jetzt voller Laster und Boshaftigkeit. Jahve, der Genius des Bösen, ist ein gefallener Engel. Die Bodhisattwas reinkarnieren unaufhörlich, bezahlen Karma, leiden und vergnügen sich, sind Menschen wie alle anderen; aber natürlich kann der innere Meister nicht in sie eintreten, solange sie sich nicht aus dem Schlamm der Erde erheben. Daniel, Salomon und viele andere sind Gefallene.

Dieses Zeitalter des Kali-Yuga war fatal für die Bodhisattwas, die wenn sie gefallen sind, schlimmer als Dämonen sind. Ein mitleidiger Erzengel wollte einer Hure helfen, und der schwache Bodhisattwa fiel mit ihr, verlor sein Schwert und versank im Schlamm der Erde; natürlich blieb dieser Bodhisattwa von seinem Innersten getrennt und erst nach vielen schmerzvollen Reinkarnationen erhob er sich wieder und konnte sich am Ende wieder mit seinem Innersten verbinden.

Die letzten Augenblicke Jesu in Ägypten

Nachdem der Buddha Jesus seine fünf gefallenen Schlangen erhoben hatte, erleuchtete er voller Herrlichkeit, jetzt fehlte ihm nichts mehr außer der Krönung. Die Krone Jesus hat eine Geschichte, die älter ist, als die Welt; zu Recht sagte er: „Bevor Abraham gewesen ist, bin ich."

Die Offenbarung sagt: „Sei treu bis zum Tod und ich werde dir die Krone des Lebens geben."

Die Krone des Lebens ist das Sein unseres Seins, ist das wahre und rechtmäßige Ich-Bin. Es ist wichtig, dass das Ich stirbt, damit das Sein in uns geboren wird, später erhält das Sein die Krone des Lebens, welche das leuchtende und göttliche Ich-Bin ist. Das Ich-Bin und das Ich sind so verschieden, wie Tag und Nacht, wie Winter und Sommer, wie Gott und der Dämon.

Jene, die von einem niederen und einem höheren Ich sprechen, suchen nur eine Ausflucht, um den Prozess des Ich zu umgehen. Wir Gnostiker suchen keine Ausflüchte, denn wir wissen, dass das Ich die schreckliche Larve der Schwelle ist, und wir wollen dieser Larve ein Ende setzen, um zu Sein; nur so können wir die Krone des Lebens erhalten, indem wir in uns das strahlende Ich-Bin inkarnieren.

In Ägypten lernte der Meister, mit dem Astralkörper zu wandern, indem er das Mantram FARAON aussprach. Der Meister wanderte folgendermaßen willentlich mit dem Astralkörper: er legte sich auf sein Bett, in der gleichen Weise, wie die Azteken Chac-Mool, den Gott des Regens, darstellten; er stützte seinen Kopf auf ein Kissen und schlief ein, während er mental das Mantram FARAON sang. Dieses Mantram wird beim Aussprechen in drei Silben geteilt: die Erste ist das FA, das in der gesamten Natur ertönt, die Zweite ist das ägyptische RA, und die Dritte ist das ON, das uns an das berühmte OM der Hindus erinnert. Es ist wichtig, den Klang jedes Buchstabens, der das Mantram FARAON bildet, zu verlängern.

Der physische Körper schläft ein und die Seele begibt sich mit wachem Bewusstsein auf die inneren Ebenen, so reisen wir willentlich mit dem Astralkörper.

Der ägyptische Pharao überreichte Jesus eine heilige esoterische Auszeichnung, die über seinem Herz befestigt wurde; sie bestand aus einigen kleinen Flügeln, die die feurigen Flügel symbolisieren.

In jenen Zeiten gab es in Ägypten einen Eingeweihten, der vom Weg abgekommen war und er versuchte, auch Jesus vom Weg abzubringen, scheiterte jedoch bei seinem Vorhaben; Jesus ermahnte diesen Mann, aber das war vergeblich, denn sein Zustand war schon sehr schlecht.

Das ist die okkulte Weisheit, die wir Gnostiker verbreiten, um das Zeitalter des Wassermannes einzuleiten; wir sind also die Begründer dieses neuen Zeitalters.

„Und doch verkündigen wir Weisheit unter den Vollkommenen, aber nicht Weisheit dieser Welt oder der Machthaber dieser Welt, die einst entmachtet werden. Vielmehr verkündigen wir das Geheimnis der verborgenen Weisheit Gottes, die Gott vor allen Zeiten vorausbestimmt hat zu unserer Verherrlichung.

Keiner der Machthaber dieser Welt hat sie erkannt; denn hätten sie die Weisheit Gottes erkannt, so hätten sie den Herrn der Herrlichkeit nicht gekreuzigt. Denn uns hat es Gott enthüllt durch den Geist. Der Geist ergründet nämlich alles, auch die Tiefen Gottes.“ (Kor. II. 6, 7, 8 und 10)

Alle Religionen und Schulen dieses Jahrhunderts beten die menschliche Person Jesu an und nutzen sie aus, aber sie weisen die geheime Lehre des Ich-Bin zurück, niemand will sein strahlendes und leuchtendes Ich-Bin innerlich suchen.

Das war die Lehre, die Er uns lehrte, aber die Menschen weisen diese Lehren zurück, denn: „Der irdisch gesinnte Mensch aber lässt sich nicht auf das ein, was vom Geist Gottes kommt. Torheit ist es für ihn, und er kann es nicht verstehen, weil es nur mithilfe des Geistes beurteilt werden kann.“ (Kor. II, 14)

Und doch verkündigen wir Weisheit unter den Vollkommenen, aber nicht Weisheit dieses Jahrhunderts oder der Machthaber dieser Welt, die einst entmachtet werden. (Korinther. II, 6)

Nach diesen Geschehnissen stieg der Meister Jesus auf sein Kamel und verließ die Pyramiden; später war er im Heiligen Land Hindustan und im östlichen Tibet und trat in die Mysterienschulen ein.

Der Meister machte große Prophezeiungen in Indien und in Tibet. Auf den schneebedeckten Berggipfeln in Tibet trat der Meister in einen großen Tempel der Mysterien ein, wo es große Versammlungen von Meistern gab. Nach diesem Besuch kehrte er in das Heilige Land zurück; zu jener Zeit war Herodes bereits tot.

Jesus ist ein wahrer Hierophant der großen Mysterien.

Im Heiligen Land

Der große Buddha Jesus von Nazareth kehrte in sein Land zurück, um die großartigste Mission aller Jahrhunderte zu vollenden. Jedoch ist es sicher und wahr, dass kein anderer Prophet in seinem Land geehrt wird.

Sogar die physische Geburt Jesu birgt eine sehr schmerzvolle moralische Tragödie. Der Sepher Toledot Yeshu sagt, dass ein Mann namens Josef Panther eine Jungfrau namens Maria vergewaltigte, und so wurde der Körper Jesu gezeugt.

Als das geschah, liebte Maria einen jungen Mann namens Jochanam, der sich voll tiefstem Schmerz aufmachte, um in Babylon zu leben. Die schmerzvolle Tragödie Jesus begann mit seiner Empfängnis. Die Engel, die bei dieser Empfängnis halfen, litten schrecklich. Wer kann die Sünden vergeben, wenn nicht der, der die Sünde kennengelernt hat?

Jesus erhob sich aus der Finsternis in das Licht, durchschritt alle menschlichen Schmerzen, und deshalb ist Er der Einzige, der uns von den menschlichen Schmerzen erlösen kann.

Das Volk von Israel war auserwählt, um den Meister zu umgeben, und die Welt zu erlösen; so versteht man, warum dieses Volk so viele Propheten und so viele Heilige hatte. Auf den unbesiegten Mauern von Zion erstrahlte der Ruhm Salomons, dem Sohn Davids, König von Zion; auf den Mauern von Jerusalem erstrahlte das Angesicht Jehovas; auf den Straßen von Jerusalem erstrahlten voller Licht Jesaja, Samuel, Jeremias, Ezechiel und viele andere; das war das Volk, das auserwählt war, um den Herrn zu begleiten.

Leider befreite es Barrabas in der letzten Stunde der letzten Prüfung und kreuzigte Christus, seinen verheißenen Messias. Als das Volk zwischen Christus und Jahve wählen musste, kreuzigte es Christus und betete Jahve an, den Führer der schwarzen Loge.

Jahve ist ein gefallener Engel, der Genius des Bösen, ein schrecklich perverser Dämon.

So kreuzigte das Volk von Judäa seinen verheißenen Christus; so scheiterte das Volk von Israel, so versank das Volk, das auserwählt worden war, um die christliche Weisheit auf dem ganzen Angesicht der Erde zu verbreiten, im Abgrund. Jetzt folgt dieses Volk Jahve und ist vollkommen gescheitert; das ist das Volk, das seinen Meister verraten und gekreuzigt hat. Wenn der Herr nicht gekreuzigt worden wäre, wäre das Schicksal der westlichen Welt anders verlaufen, dann hätten wir jetzt überall erhabene erleuchtete Rabbiner, die den christlichen Esoterismus lehrten.

Der christliche Esoterismus, die geheime jüdische Kabbala und die heilige Alchemie vereint, hätten die Welt vollkommen erleuchtet und verwandelt. Die Mysterien des Levi hätten im Licht des Christus gestrahlt, die Gnosis hätte überall großartig geleuchtet. Die Welt wäre damals nicht in das tote Christentum des römischen Katholizismus gefallen, und wir hätten uns vor der schrecklichen Finsternis des schwarzen Zeitalters gerettet. Leider scheiterte das auserwählte Volk und die gesamte Menschheit versank im Abgrund.

Die Erde erbebte schrecklich und der Schleier des Sanctum Sanctorum wurde in zwei Teile gerissen, dann blieb die Bundeslade als einzige Hoffnung auf Rettung für alle sichtbar. Diese Arche repräsentiert die Sexualorgane, in denen sich das große Arkanum befindet, und die Sexualmagie, den höchsten Schlüssel der Erlösung.

Die Taufe Jesu

Der Buddha Jesus war voller Erhabenheit, das Einzige, was ihm fehlte, war die Krönung. Jesus wanderte Richtung Jordan, wo Johannes wohnte, der einen Tempel hatte, in dem er predigte. Johannes ist ein großer Meister der Weißen Loge. Johannes war ein Mann von mittelgroßer Statur, ein ehrwürdiger Greis mit einem weißen Bart. Johannes brachte an der Tür des Tempels eine Inschrift an, auf der stand: „Profane Tänze sind verboten."

Wenn er predigte, kleidete er sich im Tempel mit seiner prächtigen Priestertunika; außerhalb des Tempels kleidete er sich einfach, indem er seinen Körper mit einer Kamelhaut umhüllte, und so war dieser halb nackte, anbetungswürdige Greis voller Erhabenheit und alle respektierte ihn; sein Körper voll starker Muskeln und seine hohe Stirn spiegelte die Erhabenheit seines strahlenden Seins wider.

Johannes musste bis zur Ankunft des Messias leben, er musste der große Einweihende des Buddhas Jesus sein, so stand es in den Büchern des Schicksals geschrieben.

Jesus trat in den Tempel und Johannes befahl ihm, die Kleider abzulegen. Johannes war mit seiner priesterlichen Tunika bekleidet, und der nackte Jesus bedeckte nur seine Sexualorgane mit einem weißen Tuch, dann trat er aus der Vorhalle in das Heiligtum. Johannes salbte den Herrn mit reinem Öl und goss Wasser über seinen Kopf.

In diesem Augenblick erstrahlten drei Sterne innerlich im Himmel des Geistes; der dritte Stern war rot wie lebendiges Feuer. Da stieg der Geist der Weisheit vom Himmel herab. Das war der höchste Augenblick, der Geist der Weisheit trat durch die Zirbeldrüse in Jesus. Der Vater trat in diesen Augenblicken nicht in den Körper Jesu ein, er nahm nur in seinem prächtigen Feuerwagen teil und war nur für die Augen des Geistes sichtbar. So fand die Krönung des Buddhas Jesus statt. In der Offenbahrung steht: „Sei treu bis zum Tode und ich werde dir die Krone des Lebens geben."

Jesus war treu und so erhielt er die Krone des Lebens, welche der ewige, zutiefst unbekannte Atem ist, der Atem des Absoluten in uns, jener reine Blitz jedes Menschen, aus dem der Innerste selbst entspringt, die atmische Schnur der Hindus, unser Ich-Bin.

Dem Weisen schenkt das Wort Macht; niemand sprach es aus, niemand wird es aussprechen, außer demjenigen, der es inkarniert hat. Er hat es in der Taufe inkarniert.

„Am Anfang war das Wort, und das Wort war bei Gott, und Gott war das Wort. Dasselbe war im Anfang bei Gott. Alle Dinge sind durch dasselbe gemacht, und ohne dasselbe ist nichts gemacht, was gemacht ist.

Und das Licht scheint in der Finsternis und die Finsternis hat es nicht ergriffen."

Die Orientalen nennen den kosmischen Christus „Christus", die Ägypter nannten ihn Osiris, die Hindus Vishnu und die Tibeter Kwan-yin, die melodische Stimme, das Heer der Stimme, den großen Atem, die zentrale Sonne, den solaren Logos, das Wort Gottes.

Nach der gnostischen Taufe strahlte der Christus in Jesus voller Herrlichkeit, mit weißem makellosem, göttlichem Licht, strahlend wie die Sonne. So inkarnierte Jesus sein strahlendes und leuchtendes Ich-Bin. Von diesem Augenblick an nannte sich Jesus „Jesus Christus".

„Und jenes Wort wurde Fleisch und lebte unter uns, voller Anmut und Wahrheit. Jener war das wahre Licht, das jeden Menschen, der auf diese Welt kommt, erleuchtet."

In Ihm gibt es keine hierarchischen Unterschiede, in Ihm sind wir alle eins. Johannes gab Zeugnis ab über ihn und rief: „Das ist der, von dem ich gesprochen habe: der nach mir kommt, ist mir voraus, weil er vor mir war."

„Denn aus seiner Fülle nehmen wir alle, und Dank für Dank.“ Jeder, der seinen inneren Christus inkarniert, wird auch Er sein. In der Vergangenheit inkarnierten ihn Einige, in der Zukunft werden ihn viele inkarnieren.

Niemand kann die Krone des Lebens erhalten, ohne seine sieben Schlangen auf dem Stab erhoben zu haben. Jeder, der sagt: „Ich erhielt die Krone des Lebens“, lügt, wer sie erhält, sagt es nicht, man erkennt es nur durch seine Werke. Die Krone des Lebens ist ein schreckliches Geheimnis.

Wir müssen uns in Wohnstätte des Herrn verwandeln „und so wie Moses die Schlange auf dem Stab in der Wüste erhob, ist es notwendig, dass der Sohn des Menschen erhoben wird.“

Wir müssen Christus in uns inkarnieren, um zum Vater aufzusteigen; niemand kommt zum Vater, wenn nicht durch den Sohn. Christus ist kein Individuum, er ist das Heer der Stimme, das Wort Gottes. In Christus sind wir alle eins, im Herrn gibt es keine Unterschiede zwischen einem Menschen und dem Anderen, denn in Ihm sind wir alle eins. In Ihm gibt es keine Individualität, wer Ihn inkarniert, ist Er, Er, Er. Die Vielfalt ist Einheit.

Wir müssen der Persönlichkeit und dem Ich ein Ende setzen, damit das Sein geboren wird, wir müssen der Individualität ein Ende setzen.

Wenn ein Mystiker in Ekstase seine sieben Körper verlässt, um das Leben des Christus zu erforschen, dann wird er sich selbst in der Passion des Herrn als Darsteller sehen, der Wunder vollbringt, er wird sich tot und am dritten Tage auferstanden sehen; dieser Mystiker wird die Stelle Christi besetzen und in diesen mystischen Augenblicken wird er Er, Er, Er sein, denn in der Welt des Christus gibt es keine Individuen, im Christus gibt es nur ein einziges Sein, das sich als viele ausdrückt.

Wenn man dem Ich und der Individualität ein Ende setzt, bleiben nur die Werte des Bewusstseins, die Attribute des ewigen, abstrakten, absoluten Raumes.

Nur Er kann sagen: „Ich bin der Weg, die Wahrheit und das Leben.“ „Ich bin das Licht, Ich bin das Leben, Ich bin der gute Hirte, Ich bin die Tür, Ich bin das Brot, Ich bin die Wiederauferstehung.“

Das Sein empfängt das Sein seines Seins, das Ich-Bin, jenen Hauch des großen Atems in jedem Einzelnen von uns, unseren persönlichen Strahl, Er, Er, Er. Das Ich-Bin ist der innere Christus jedes Menschen, unser göttlicher Augoeides, der Logos. Wer die Krone des Lebens erhält, hat das Recht, zu sagen: Ich bin Er, Ich bin Er, Ich bin Er.

Den Theosophen sagen wir, dass Er nicht die Monade ist, sondern dass Er aus der Monade stammt. Er ist unser persönlicher Strahl, und dieser Strahl ist eine vollkommene Dreieinigkeit. Nur Er befreit uns vom Gesetz des Karma.

Er ist der logoische Strahl jedes Menschen. Das Ende des Gesetzes ist Christus. Das Gesetz des Karmas ist nur die Stiefmutter, der Heiler, der uns heilt, das ist alles. In Christus sind wir frei. Christus ist der Logos, das Wort, und Er macht uns zu freien und mächtigen Königen und Priestern. Wer die Krone des Lebens erhält, befreit sich vom Gesetz des Karma.

Er ist das Heer der Stimme, unser strahlender Drachen der Weisheit. Er ist die Krone des Lebens, der Glaube, das Wort, die Krone der Gerechtigkeit. Im Gesetz sind wir Sklaven, in Christus sind wir alle frei, denn das Ende des Gesetzes des Karma ist der Christus.

„Sei treu bis zum Tod und ich werde dir die Krone des Lebens geben.“

Die Attribute des ewigen Ich-Bin sind das Heer der Stimme.

Verlasst alle eure Götzen, Religionen, Schulen, Sekten, Orden und Logen, sucht euer strahlendes und leuchtendes Ich-Bin, das in den Tiefen eures Seins wohnt. Er ist euer einziger Erlöser.

Christus ist das Heer der Stimme, das einzige Sein, das Sein aller Sein, die Gesamtheit aller Attribute des ewigen, abstrakten, absoluten Raumes, der vollständige, unpersönliche, universale, unendliche, kosmische Christus.

Christus ist eine vielfältige Einheit. Das Licht kam zur Finsternis, aber die Finsternis hat es nicht erkannt. Christus ist der solare Logos. Das Heer der Stimme ist eine vielfältige, ewige, bedingungslose und vollkommene Einheit. Er ist der schöpferische Logos, das Wort des ersten Augenblickes, der große Hauch, der vom Innersten des abstrakten, absoluten Raumes ausströmt, das Heer des Wortes.

Der ewige, abstrakte, absolute Raum ist das Sein des Seins aller Sein, das Absolute, das Unaussprechliche, der unbegrenzte Raum.

Jeder, der seinen Christus inkarniert, christifiziert sich und tritt den Reihen des Heeres der Stimme bei. In Ägypten nannte man Christus Osiris, und wer ihn inkarnierte, war ein Osirifizierter; bei den Azteken ist das Ich-Bin Quetzalcoatl.

Die drei Aspekte der Krone

Die Krone des Lebens hat drei Aspekte: der Alte der Tage (der Vater), der vom Vater sehr geliebte Sohn und der weise Heilige Geist. Vater, Sohn und Heiliger Geist sind die vollkommene Triade in der Einheit des Lebens. Diese Triade zusammen mit der Einheit des Lebens sind die heilige Vier, die vier ewigen Zimmermänner, die vier Seiten des Altars, die vier Winde des Meeres, das heilige und geheimnisvolle Tetragrammaton, dessen mantrische Worte IOD HE VAU HE lauten, der schreckliche Name des Ewigen.

Jeder Mensch hat seine eigene Krone, welche der eigene Strahl ist, der uns mit dem Absoluten verbindet; der Innerste ist der sehr geliebte Sohn der Krone des Lebens. Unserer persönlichen Krone entspringt die theosophische Siebenfaltigkeit, die Krone ist das Ich-Bin, das die Theosophen nicht kennen.

Der Alte der Tage

Der Alte der Tage ist einzigartig in jedem Menschen, er ist der Vater und es gibt so viele Väter im Himmel, wie Menschen auf der Erde. Der Alte der Tage ist das Okkulte des Okkulten, die Barmherzigkeit der Barmherzigkeiten, die Güte der Güte, die Wurzel unseres Seins, der „große Wind".

Das Haar des Alten der Tage hat 13 Locken und der Bart 13 Strähnen. Nur indem wir den Tod besiegen, können wir den Alten der Tage inkarnieren. Die Begräbnisprüfungen des Arkanum 13 sind schrecklicher und furchtbarer als der Abgrund. Das Arkanum 13 ist der Alte der Tage.

Wir brauchen einen höheren Tod, um das Recht zu erhalten, den Alten der Tage zu inkarnieren; nur wer ihn inkarniert, hat das Recht, sich innerlich mit dem Haar und dem Bart des ehrwürdigen Alten zu kleiden. Nur in Gegenwart der Engel des Todes, nachdem wir die Begräbnisprüfungen siegreich überstanden haben, können wir den Alten der Tage inkarnieren.

Wer ihn inkarniert, ist ein weiterer Alter der Ewigkeit. Der Alte der Tage ist die erste, schrecklich göttliche Emanation des abstrakten, absoluten Raumes.

Das erste göttliche Paar

Aus dem Alten der Tage geht das göttliche Paar hervor, welches der Christus und seine jungfräuliche Ehefrau sind, der Heilige Geist, der einer unaussprechlichen Frau in jedem Menschen gleicht; diese heilige Mutter kleidet sich mit der weißen Tunika und einem blauen Umhang. Die gesegnete Muttergöttin der Welt trägt in ihrer Hand eine kostbare Lampe.

Der göttliche Mann gleicht einem vollkommenen Christus und wird durch den erregten Phallus symbolisiert, durch das erhobene Zepter der Macht, durch den Turm, durch jeden spitzen Stein und durch die Tunika der Herrlichkeit; Er ist der göttliche Ursprung. Der Heilige Geist ist der Schöpfer des Lichtes.

„Gott sprach: Es werde Licht, und es ward Licht."

Der esoterische Sinn ist: es geschah, weil er es sagte.

Die aztekische Jungfrau hat vier Hände, die bedeuten, dass sie das Leben vom Vater erhält, und dass sie mit dem Wort allen Dingen Leben schenkt; sie ist die Mutter der Welt. Diese göttliche Frau ist eine unaussprechliche Jungfrau, diese göttliche Mutter wird bei den Azteken durch eine mysteriöse Jungfrau symbolisiert, die einen Mund in der Kehle hat; das symbolisiert, dass die Kehle die Gebärmutter ist, wo das Wort gezeugt wird; die Götter erschaffen mit dem Kehlkopf. „Am Anfang war das Wort, und das Wort war bei Gott, und das Wort war Gott."

Zwei seltsame, ineinander verschlungene Schlangen bilden einen merkwürdigen Kopf, diese zwei Schlangen sind die zwei sympathischen Nervenstränge der Wirbelsäule und durch diese zwei Kanäle steigt unsere sexuelle Energie bis zum Gehirn auf; das sind die zwei Zeugen der Offenbarung, die zwei Kerzenleuchter, die vor dem Gott der Erde stehen, die zwei Oliven, aus denen reines Gold wie Öl fließt, die zwei Schlangen, die sich um den Merkurstab schlingen.

Die Arme der Göttin sind die zwei Schlangen: die Verführerische von Eden und die aus Bronze, die die Israeliten in der Wüste heilte.

Der Rock der aztekischen Jungfrau wird von Schlangen gebildet, auf der Brust hat sie eine, die den Tod symbolisiert, was uns zeigt, dass man sterben muss, um zu leben, dass man alles verlieren muss, um alles zu gewinnen.

Im Tempel der Schlangen, genannt nach Quetzalcoatl wurde der Heilige Geist verehrt. Bevor die Sonne aufging, warf ein Priester gekleidet mit einer Tunika und einem Umhang in den Farben weiß, schwarz und rot, zermahlene Schnecken in die Glut des Feuers, dazu benutzte er weiße, schwarze und rote Meeresschnecken; weiß ist der reine Geist, schwarz symbolisiert den Fall des Geistes in die Materie, und rot ist das Feuer des Heiligen Geistes, mit dem wir zum Weiß des reinen Geistes zurückkehren.

Der Weihrauch stieg auf bis zum Himmel, der Priester betete für das Leben und es erblühten Blumen, denn der Heilige Geist ist das sexuelle Feuer des Universums. Das Ritual fand im Tempel des Quetzalcoatl vor Sonnenaufgang statt, denn der Heilige Geist ist der Schöpfer des Lichtes. Der Priester sprach die Mantrams IN, EN.

Der Prophet Jonas führte das Ritual des Heiligen Geistes genauso wie die Azteken durch und benutzte die selben Gewänder und das selbe Räucherwerk. Er sprach auch die Mantrams IN und EN, wenn er das Räucherwerk ins Feuer warf.

Dieses Ritual sollte in allen gnostischen Heiligtümern eingeführt werden. Die Schnecken stehen mit dem Wasser des Meeres in Verbindung, und das Wasser beinhaltet das Feuer des Heiligen Geistes. Deshalb sind die Meeresschnecken das perfekte Räucherwerk des Heiligen Geistes.

Die Mutter bzw. der Heilige Geist gibt uns Macht und Weisheit. Die Symbole der jungfräulichen Mutter sind das Yoni, der Kelch und die Tunika der Verhüllung.

Wenn man den Samen nicht ejakuliert, kehrt die gesamte sexuelle Kraft des göttlichen Paares zu seinem Ursprung zurück, öffnet die Zentren und erweckt die feurigen, schrecklich göttlichen Kräfte.

Moses erreichte es, auf dem Berg Oreb die Mutter zu inkarnieren und wurde erleuchtet. Andere inkarnieren das göttliche Paar, aber sehr wenige erreichen es, den Alten der Tage zu inkarnieren; das sind die drei Aspekte der Krone: Vater, Sohn und Heiliger Geist, die Dreieinigkeit in der Einheit des Lebens. Vor Jesus erhielten viele Buddhas die Krone des Lebens, und nach Jesus haben einige von uns sie erhalten und viele werden sie in der Zukunft erhalten. Der Geist der Weisheit kreuzigt sich ständig in der Materie, um die Welt zu retten.

Die heilige Vier, das Tetragrammaton oder Iod He Vau He, das göttliche Ich-Bin, wird von den vier Eckzähnen der aztekischen Jungfrau symbolisiert. In der Kabbala ist Kether der Vater, Chokmah ist der Sohn, und Binah ist der Heilige Geist; das ist die sephirothische Krone, die Krone des Lebens. Diese Dreieinigkeit, zusammen mit der Einheit, ist die heilige Vier, das heilige und mysteriöse Tetragrammaton, das Iod He Vau He.

Die sieben doppelten Säulen des Tempels

Die sieben Säulen des Tempels der Weisheit sind doppelt, und sie sind brennendes Feuer; das sind die sieben Grade der Macht des Feuers, die sieben Schlangen. Nachdem wir die Krone erhalten haben, müssen wir das Doppel jeder Säule erheben, d. h. die sieben Schlangen des Lichtes des Ich-Bin.

Wir müssen uns in Wohnstätten des Herrn verwandeln und unseren siebenarmigen Leuchter entzünden. Christus wird in unserem Herzen geboren, dieses göttliche Kind, als Kind von Bethlehem.

Vergeblich wäre Christus in Bethlehem geboren worden, wenn er nicht auch in unserem Herzen geboren wird. Vergeblich wäre er gekreuzigt worden, gestorben und am dritten Tage auferstanden, wenn er nicht in jedem Einzelnen von uns gekreuzigt wird, stirbt und aufersteht. Das Ich-Bin wird wie ein kleines Kind in uns geboren, und muss langsam heranwachsen, denn die Natur macht keine Sprünge. Die Geburt Christi in uns ist die Weihnacht des Herzens. Vor Jesus inkarnierten ihn viele Eingeweihte, nach Ihm haben einige von uns ihn inkarniert, und viele werden ihn in Zukunft inkarnieren.

Der Geist der Weisheit wird ständig in der Krippe der Welt geboren, um die Menschheit zu retten.

Jesus der Christus musste geduldig jede seiner sieben Schlangen des Lichtes erheben. Es gibt sieben Schlangen des Feuers und sieben des Lichtes.

Der Aufstieg jeder einzelnen Schlange des Lichtes ist sehr hart und schwer, es ist wahrlich der Schrecken der Heiligkeit, der Liebe und des Gesetzes.

Jesus begann die erste Schlange des Lichtes zu erheben, die des physischen Körpers; diese Schlange macht uns zu Königen des Abgrundes und ist eines der sieben unaussprechlichen

Geheimnisse. Jeder Wirbel fordert schwierige Tugenden und schreckliche Heiligkeiten. Wir betreten jede der 33 heiligen Kammern des Tempels in dem Maße, in dem die erste Schlange des Lichtes jeden Wirbel erreicht; wenn der Aufstieg dieser Schlange beendet ist, kommt die erste Einweihung in die Mysterien des Glaubens und der Natur, diesen Mysterien gehören die sieben Schlangen des Lichtes an; das sind die sieben ewigen Leidenswege. Wenn der Eingeweihte die zweite Schlange des Lichtes erweckt, dann darf er nur einmal pro Woche die Sexualmagie praktizieren; viel später wird der Eingeweihte asexuell, d. h. er beginnt, sich ohne sexuellen Kontakt an den Zaubern der Liebe zu erfreuen, dann sind wir allmächtige Götter; das sind die unantastbaren Gesetze.

Der Freitag ist der Tag der Sexualmagie. Mit dieser zweiten Schlange christifiziert sich der ätherische Körper vollkommen und wir kehren nach Eden zurück, wo uns der Herr Jehova empfängt; so verwandeln wir uns in Bewohner von Eden.

Der christifizierte ätherische Körper ist der goldene Körper, das Hochzeitskleid der Seele; mit diesem Kleid können wir in jeden Bereich der Natur betreten, und wir können reisen, um dem großen Werk zu dienen. Das Hochzeitskleid der Seele, der Soma Puchicon, ist klar wie Wasser, er scheint aus reinem Glas zu bestehen und verleiht uns das ständige Bewusstsein, er wird vom Mond regiert und gleicht einem unaussprechlichen Kind.

Die dritte Schlange verklärte den Astralkörper Jesu und strahlte wie die Sonne mit der Würde des Ich-Bin auf dem Berg der Verklärung.

Die vierte Schlange des Lichtes christifiziert den Verstand vollständig, dann haben wir den Verstand des Herrn und Er, der sich durch diesen Verstand ausdrückt, verwandelt uns in unaussprechliche Götter, strahlend wie der Christus.

Die fünfte Schlange verwandelt die Willensseele in einen unaussprechlichen Christus und dann haben wir den Willen des Herrn.

Wenn die sechste Schlange des Lichtes das Bewusstsein christifiziert, erhalten wir das Bewusstsein des Herrn.

Die siebente Schlange des Lichtes christifiziert den Innersten vollständig, dann sagen wir: Mein Vater, in deine Hände befehle ich meinen Geist. Das ist das siebente Wort und dann sind wir der unaussprechliche mächtige und göttliche Christus.

Das sind die sieben schrecklich göttlichen Golgothas. Diese Gipfel erreicht man, indem man die Ehefrau liebt.

Wir Männer und Frauen haben dieselben Rechte.

Diese sieben Schlangen des Lichtes sind die sieben Siegel der Offenbarung, die nur das Lamm, das Ich-Bin brechen kann. Die Liebe ist das größte Glück des Universums, die Liebe verwandelt uns in den Christus.

Die gnostischen Heime sind voller Keuschheit, Schönheit und Liebe. In den Innenhöfen der aztekischen Tempel blieben Männer und Frauen ganze Monate lang, liebten sich und vereinten sich sexuell, ohne zur Ejakulation des Samens zu kommen, so verwirklichten sich die Männer und Frauen.

Das ist die Lehre, die Christus im Geheimen seine siebzig Jünger lehrte, das ist die heilige Lehre des Ich-Bin. „Ich bin das Brot des Lebens, Ich bin das lebendige Brot. Wer mein Fleisch isst und mein Blut trinkt, lebt in mir, und ich in ihm. Wer mein Fleisch isst und mein Blut trinkt, wird das ewige Leben erhalten und Ich werde ihn am Jüngsten Tag zu neuem Leben erwecken."

Wir müssen das Fleisch essen und das Blut des Ich-Bin trinken, um uns in Götter zu verwandeln.

Wir kennen alle diese übertranszendierten Menschen des Spiritismus, Theosophie, Rosenkreuzer, usw. und wissen, dass alle diese Menschen viel Stolz besitzen, und glauben, dass alles im Leben ein Kinderspiel ist.

Kein Wunder, dass dieses Buch profan genannt wird, denn jetzt werden diese Übertranszendierten angeblich die Krone des Lebens erhalten; jetzt wird die Menge dieser Schmarotzer zunehmen und es werden Christusse dutzendweise erscheinen, sowie eine Ernte von Super-Gekrönten. Vorsicht, „denn es wird mancher falsche Messias und mancher falsche Prophet auftreten und sie werden Zeichen und Wunder tun, um, wenn möglich, die Auserwählten irrezuführen.“ (Markus 13: 22).

Seid wachsam, „viele werden unter meinem Namen auftreten und sagen: Ich bin es! Und sie werden viele irreführen.“ (Markus 13: 6).

Sogar in der gnostischen Bewegung werden falsche Christusse erscheinen. Es wird kein spiritistisches Medium geben, das nicht den Wahn bekommen wird, die Krone des Lebens erhalten zu haben. Wir, die Bewohner der heiligen Insel, warnen euch, damit ihr euch nicht von den Antichristussen betrügen lasst.

„Wenn dann jemand zu euch sagt: Seht, hier ist der Messias!, oder: Da ist er!, so glaubt es nicht!“ (Matthäus 24: 23)

Mit diesem Buch beginnen wir das Zeitalter des Wassermannes, auch wenn wir wissen, dass die Menschheit noch nicht bereit ist, es zu verstehen; deshalb warnen wir vor der Gefahr, damit ihr nicht in den Abgrund des Verderbens fallt. Dieses Buch wird mehr missbraucht werden, als die Bibel. Sucht euer strahlendes und leuchtendes Ich-Bin, praktiziert die Sexualmagie und werdet vollkommen heilig.

„Der Himmel und die Erde werden vergehen, aber meine Worte werden nicht vergehen.“ Heutzutage sind die zwei Zeugen wegen der Unzucht tot, und ihr müsst sie wiederauferstehen lassen; die Körper der zwei Zeugen liegen auf den Straßen dieses Sodom. Wenn eure zwei Zeugen mit der Sexualmagie auferstehen, werden die Finsteren erschrecken. „Und wenn jemand ihnen Schaden zufügen will, kommt Feuer aus ihrem Mund und verschlingt ihre Feinde.“

Nehmt euch jetzt in Acht, denn da die zwei Zeugen tot sind, verfügt ihr noch nicht über eure christlichen Kräfte und deshalb können die Finsteren euch leicht betrügen.

Nehmt euch vor den falschen Christussen in Acht, nehmt euch vor den Theosophen, den Rosenkreuzern, den Aquarianisten, Spiritisten, usw. in Acht, diese Menschen sagen, dass sie Gott folgen, aber in Wirklichkeit folgen sie den „göttlichen" Betrügern, sie wissen nicht einmal, was Christus ist, niemand von diesen Finsteren weiß, was das Ich-Bin ist.

Der göttliche Meister sagte: „Ich bin der Weg, die Wahrheit und das Leben", aber diese Menschen verstehen das nicht und statt in sich selbst ihr strahlendes und leuchtendes Ich-Bin zu suchen, laufen sie lieber ihren erhabenen Betrügern hinterher und sagen, dass sie Christus folgen. Mein Gott, was für Zyniker! Sie verlassen ihr strahlendes Ich-Bin und dann kommen sie mit dem Sophismus, dass es viele Wege gibt, und dass man über jeden Weg ankommt. Was für Zyniker! Der Meister sprach nicht von vielen Wegen, Er sagte uns nur: Ich bin der Weg, die Wahrheit und das Leben.

Die Hochzeit von Kanaan

Das erste Wunder, das Jesus vollbrachte, war, das Wasser in Wein zu verwandeln; das ist das erste Wunder, das unsere Schüler vollbringen müssen; dadurch betritt man die Einweihung. Dieses Wunder wirkte Jesus bei der Hochzeit.

Es ist auch sicher, dass wir in der Ehe durch den sexuellen Kontakt das Wasser (den Samen) in den Wein des Lichtes des Alchimisten verwandeln müssen; die Sexualmagie ist der Weg. Als der Christus Jesus den Pfad der Einweihung für die leidende Menschheit öffnete, begann er die sexuelle Umwandlung, die Sexualmagie zu lehren. Der Christus Jesus stellte in Fleisch und Blut das ganze Drama der Einweihung dar, das mit der sexuellen Umwandlung beginnt. Mit der Sexualmagie verwandeln wir uns in Götter. Nur wenn die Ehepartner sich in den Stand eines Gottes erheben, können sie die Freuden der Liebe ohne sexuellen Kontakt genießen; das ist eine Sache der Götter.

Wenn wir die Akaschachroniken der Natur studieren, sehen wir einen großen Palast aus Holz. Die Hochzeiten von Kanaan waren prunkvoll. Die Verlobte war eine junge Adlige jenes alten Palastes, mit einem dunklen Gesicht, einer römischen Nase, einer hervorspringenden Oberlippe und einem Körper mittelgroßer Statur; sie war mit dem weißen Hochzeitskleid gekleidet, und auf ihrem Kopf trug sie eine Blumenkrone. Das Fest war feierlich und Jesus nahm daran teil. Plötzlich ging der Wein zu Ende und alle sahen sich an, als wollten sie sagen: Es ist zu Ende. Jesus durchquerte den Saal und ging in eine Ecke des prunkvollen Palastes, wo es ein Gefäß mit reinem Wasser gab, dieses war viereckig und auf dem Wasser schwammen einige Olivenblätter; der Christus Jesus hielt seine rechte Hand über das reine Wasser des Lebens und verwandelte das Wasser in Wein.

Alle jubelten und das Fest ging weiter. Mit diesem Wunder lehrte Jesus öffentlich die Sexualmagie. Wir müssen das Wasser des Lebens (den Samen) in den Wein des Lichtes der Alchimisten verwandeln, so erwacht das heilige Feuer, so entwickeln sich unsere Feuer der Wirbelsäule. Vergessen wir nicht, dass in jedem pflanzlichen, tierischen und menschlichen Samenkorn der kosmische Christus lebt.

Der Größte im Reich des Himmels

„In jener Zeit wandten sich die Jünger an Jesus und fragten: Wer ist der Größte im Himmelreich?

Jesus rief ein Kind zu sich und stellte es in ihre Mitte und sprach: Wahrlich, ich sage euch, wenn ihr nicht umkehrt und werdet wie die Kinder, so werdet ihr nicht ins Himmelreich kommen.

Wer sich selbst erniedrigt und wird wie dies Kind, der ist der Größte im Himmelreich.“ (Matthäus 18: 1-4)

Diejenigen, die sich seine Anhänger nennen, wollen seinem Beispiel nicht folgen, heutzutage will niemand zum Kind werden. Die Päpste, Kardinäle, Erzbischöfe, Bischöfe und Priester der Finsteren in Rom reisen in luxuriösen Autos und haben nicht im Entferntesten Lust, zu Kindern zu werden; sie sind voller Stolz und Überheblichkeit, Intellektualismus, hochrangiger Titel, und sie besitzen enorme Reichtümer.

Die Pastoren der verschiedenen religiösen Sekten dieses barbarischen Zeitalters genießen den Titel des Pastors, und voller Überheblichkeit und Hochmut sind sie glücklich mit den Geschenken und der Ehrfurcht ihrer unwissenden Schafe; diese haben auch keine Lust, Kinder zu werden.

In diesen Zeiten will jeder ein großer Herr sein und sich in den Synagogen in die ersten Reihen setzen, alle wollen große Avatare und große Meister sein, niemand hat Lust, ein Kind zu sein; alle wissen sehr viel, predigen die Lehren, aber wenden sie nicht an und niemand möchte den Verstand eines Kindes haben, das gefällt ihnen nicht. Die Brüder der verschiedenen Schulen, Orden, Logen, usw. sind Leseratten; sie glauben, dass sie viel wissen, und sich in ein Kind zu verwandeln scheint ihnen sogar lächerlich, aber aus Hochmut nennen sie sich sogar so, das ist die heutige Menschheit. Alle bezeichnen sich als berühmte Reinkarnationen, niemand will klein sein, niemand will der Letzte von allen sein.

Um die Krone des Lebens zu erhalten, muss man den Verstand eines Kindes haben.

Wir müssen uns vom intellektuellen Stolz befreien, der theosophischen Angst und dem rosenkreuzerischen Intellektualismus ein Ende setzen, uns von den spiritistischen Verirrungen befreien, das Verständnis von allen Arten von Intellektualismen und Theorien, von politischen Parteien, Konzepten von Vaterland und Flaggen, Schulen, usw. säubern.

Wir müssen die Sexualmagie praktizieren und nicht nur das Verlangen, sondern sogar die Kenntnis des Verlangens töten. Wir müssen mit den Überlegungen aufhören, um den Verstand eines Kindes zu bekommen. Das Kind überlegt nicht, es weiß alles intuitiv und instinktiv, es verlangt kein Geld, begeht keine Unzucht, keinen Ehebruch und ist kein Mörder.

Während der politischen Gewalttätigkeiten in Kolumbien bezahlten die Pfarrer Mörder, damit sie die Einwohner töteten; diese Kleriker können nicht im Entferntesten Kinder sein, sie sind vielleicht Mörder, aber keine Kinder, das ist die Wahrheit. Wie kann jemand, der tötet, der raubt, der Unzucht begeht, ein Kind sein? Durch drei Türen tritt man in den Abgrund: Zorn, Neid und Lüsternheit.

Das Elixier des ewigen Lebens

In der vierten Einweihung der höheren Mysterien verdient der Eingeweihte das Nirvana, er betritt die Welt der Götter, wo nur grenzenlose Glückseligkeit herrscht. Wenn man die fünfte Einweihung der höheren Mysterien erreicht, gelangt man zum Berg der Götter, der zwei Wege besitzt, die uns zum Gipfel führen: einer ist der spiralförmige Weg, der sich um den Berg windet und uns zum Gipfel führt, der andere ist der lange, bittere, enge und schwierige Weg der Pflichten, der uns direkt zum Absoluten führt.

Max Heindel spricht von dem Berg der Menschen, aber er kennt den Berg der Götter nicht.

Der Berg der Menschen hat auch zwei Wege: den Spiralförmigen, auf dem die ganze Menschheit nach oben steigt und den geraden, schmalen, engen und schwierigen, der von den Eingeweihten benutzt wird.

Der Gipfel dieses Berges ist das Nirvana und um dorthin zu gelangen, muss man neun Einweihungen der niederen Mysterien und fünf der höheren durchlaufen.

Wenn der Eingeweihte auf dem Gipfel des Berges der Menschen ankommt, befindet er sich vor den zwei Wegen des Berges der Götter, dort erscheint ein schrecklicher Wächter vor dem Eingeweihten, der ihm den spiralförmigen nirvanischen Weg zeigt und sagt: „Das ist eine gute Arbeit“, und der Eingeweihte sieht die unendlichen Welten des Weltraumes, die Sonnen, die sich in der Unendlichkeit drehen, die Götter des Nirvana, die voller Glückseligkeit in ihren unaussprechlichen Paradiesen wohnen; dann zeigt der Wächter ihm den schmalen, langen, bitteren und schwierigen Weg der Pflichten, der uns direkt zum Absoluten führt und spricht: „Das ist eine höhere Arbeit, du musst dich jetzt entscheiden, welchem der zwei Wege du folgen willst.“

Wenn der Eingeweihte nachzudenken versucht, sagt der Wächter zu ihm: „Denke nicht nach, entscheide dich sofort!“

Das ist ein schrecklicher Augenblick, denn von ihm hängt das Schicksal vieler Ewigkeiten ab; das ist der schlimmste Augenblick unserer kosmischen Evolution.

Der Eingeweihte, der das Nirvana aus Liebe zur Menschheit zurückweist, wird als „dreimal geehrt“ bestätigt und nach vielen Ewigkeiten, nach gewonnenen und aus Liebe zur Menschheit verlorenen Nirvanas, erhält er am Ende das Recht, das Absolute zu betreten. Die Menschen des spiralförmigen Weges des Nirvana erleben Zeiten der Aktivität und Epochen tiefer Ruhe in der nirvanischen Glückseligkeit, sie reinkarnieren nur in langen Intervallen in den Welten und versinken erneut für Ewigkeiten in der unendlichen Glückseligkeit der Sphären. Weil sie die vier Körper der Sünde nicht benutzen, erfreuen sie sich an der grenzenlosen Glückseligkeit in der Musik der Sterne; so erreichen sie nach grenzenlosen Ewigkeiten langsam, sehr langsam das Absolute; dieser Weg ist außergewöhnlich lang.

Am 19. Februar 1919 um 3:40 h nachmittags trat das Nirvana in Aktivität, und jetzt kämpfen die nirvanischen Hierarchien um die Rückkehr der Evolution zu den höheren Welten.

Es gibt Nirvanis, die mit karmischen Schulden beladen sind, sie bezahlen sie während ihrer Zyklen der kosmischen Manifestation.

Während der Reinkarnation ist der Fall ihrer Bodhisattwas eine große Gefahr für die Meister. Gegenwärtig gibt es auf der Welt Tausende von gefallenen Bodhisattwas, bei denen sich die Meister nicht inkarnieren können. Der Fall lässt sich darauf zurückführen, dass die Willensseele nicht gut entwickelt ist und nicht wächst, solange das Verlangen im Astralkörper existiert; man muss das Verlangen töten.

Ein Meister kann im „Glorian“ sehr strahlen, aber mit dem gefallenen Bodhisattwa kann er der leidenden Menschheit nicht dienen, das bedeutet schreckliches Leiden für den Meister.

Der Meister und sein Bodhisattwa sind eine mysteriöse doppelte Individualität. Der Bodhisattwa, der auf das Nirvana aus Liebe zur Menschheit verzichtet, hat das Recht, um das Elixier des ewigen Lebens zu bitten, damit kann er seinen physischen Körper über lange Ewigkeiten hinweg, solange er will erhalten. Der Graf von Saint Germain lebt heutzutage mit demselben physischen Körper, den er im XVII. und XVIII. Jahrhundert in Europa hatte. Zanoni lebte Tausende von Jahren mit demselben physischen Körper. Megnour erhielt sich Tausende von Jahren mit demselben physischen Körper. Sanat Kumara lebt mit demselben Körper, den er vor 18.000.000 Jahren in Lemurien hatte. Die großen Meister der Schutzmauer, die die Menschheit beschützen, leben mit denselben Körpern, die sie vor Tausenden von Jahren hatten.

Die Meister Morya, Kouthumi und viele andere erhalten ihre Körper seit Tausenden von Jahren, der Tod hat sie nicht besiegen können; so haben sie die Gefahr der Reinkarnationen vermieden, und dass die Bodhisattwas fallen können, wenn sie der äußeren Umgebung, den Versuchungen, der Vererbung, usw. ausgesetzt sind; nur die, mit einem Willen aus Stahl fallen nie.

Der Fledermausgott

Im Kunstmuseum in Mexiko Stadt finden wir eine aztekische Skulptur des Fledermausgottes; lasst uns über sie sprechen, auch wenn die Finsteren uns verleumden und schwarze Magier nennen. Diese Skulptur ist ein wertvolles aztekisches Symbol einer der wichtigsten Herrscher des Todes. Die Engel des Todes arbeiten unter dem Einfluss von Saturn und desinkarnieren die Seelen nach dem Gesetz des Karma; ihre Symbole sind die Fledermaus, die Eule und die Sichel; sie ziehen die Seele aus dem Körper und durchtrennen die silberne Schnur, die die Seele mit dem Körper verbindet.

Die Seelen können während des Schlafes überallhin reisen und dank der Silberschnur in den Körper zurückkehren. Wenn die Engel des Todes arbeiten, nehmen sie eine skelettartige Erscheinungsform an, nach ihrer Arbeit nehmen sie ein wunderschönes Aussehen an; sie sind in Wahrheit Engel. Der Fledermausgott ist ein Engel des Todes, der im Zentrum Edens wohnt und so wie er die Macht hat zu töten, hat er auch die Macht zu heilen. Die Azteken bildeten eine Kette in der Form eines Hufeisens, um ihn anzurufen; diese Kette öffnete sich an den Seiten des Altares und ihre Glieder waren getrennt, d. h., niemand fasste die Hände oder den Körper des anderen an; die Teilnehmer des Rituals blieben voller Respekt in der Hocke zusammengekauert. Das Mantram ISIS wurde von allen in zwei Silben vokalisiert, und der Klang jedes Buchstabens wurde verlängert, der Ton jedes Buchstabens so lange gehalten wie möglich:

Iiiiiiiiiiiiiiiiissssssssssssssssss......

Iiiiiiiiiiiiiiiiissssssssssssssssss......

Das S klingt wie der Gesang einer Grille (Grashüpfer), oder wie die Klappern der Schlange, die bei den Azteken so heilig ist; das ist die feine Stimme, mit der Zeichen und Wunder bewirkt werden können. Das Mantram wurde viele Male hintereinander gesungen. Der Priester warf ein Räucherpulver aus Seeschnecken, die zu weißem Pulver zermahlen wurden, in ein Räucherbecken; die Schnecken und das heilige Feuer haben eine innerliche Verbindung. Die Räucherbecken wurden auf einen Tisch gestellt, und auf dem Altar wurden zwei Flammen, Symbole des Lebens und des Todes, entzündet. Der Priester wandte sein Gesicht den Anwesenden zu, segnet sie mit einem scharfen Messer und mit seinem Herzen rief er den Fledermausgott an, so nahm der schreckliche Hierarch des Todes teil. Dieses Ritual kann man heute in den gnostischen Heiligtümern praktizieren.

Der Fledermausgott kann die Kranken heilen, wenn das Gesetz des Karma es erlaubt, und jede Gruppe von Personen kann dieses Ritual ausführen, um Schwerkranke zu heilen. Die Azteken praktizierten dieses Ritual in einem Tempel aus massivem Gold, der heute noch im Jinas existiert.

Der Fledermausgott nimmt an den Begräbnisprüfungen des 13. Arkanum teil. Als Jesus das Arkanum 13 erreichte, irrte er zwischen den Gräbern der Toten umher; die schrecklichen Gespenster des Todes bedrängten ihn in den Schrecken der Nacht, die kadaverartigen Geister des Todes erinnerten ihn an schreckliche Dinge der Vergangenheit und Jesus musste den höchsten Rat der Engel des Todes besiegen; der Kampf war schrecklich, aber Er siegte, er hatte keine Furcht. Dann trat der Alte der Tage in Ihn ein wie ein schrecklicher Atem; so wurden der Vater und der Sohn eins; das geschah im Arkanum 13. Dieser Vorgang ist immer gleich bei jedem, der die Krone erhält. Das gehört der zweiten Einweihung der Mysterien des Glaubens und der Natur an.

"Ich preise dich, Vater, Herr des Himmels und der Erde, weil du all das den Weisen und Klugen verborgen, den Kindern aber offenbart hast. Ja, Vater, so hat es dir gefallen. Mir ist von meinem Vater alles übergeben worden; niemand kennt den Sohn, nur der Vater, und niemand kennt den Vater, nur der Sohn und der, dem es der Sohn offenbaren will.“ (Matt. 11: 25-27)

Das Abendmahl in Bethanien

In Wirklichkeit ist das Elixier des ewigen Lebens ein weißes, mächtiges, elektropositives und elektronegatives Gas. Wenn der Eingeweihte das Elixier des ewigen Lebens erbittet, betritt er den Tempel von Sanat Kumara, der dem Eingeweihten alle heiligen Bedingungen und Anforderungen vorliest. Sanat Kumara ist der Gründer der Einweihungsschule der Weißen Loge und lebt zusammen mit anderen lemurischen Eingeweihten in einer Oase in der Wüste Gobi, alle erhalten denselben Körper seit 18.000.000 Jahren. Sanat Kumara beglückwünscht den Eingeweihten, indem er sagt: „Du bist ein weiteres Opfer auf dem Opferaltar", und dann segnet er den Eingeweihten. Danach treten sie in einen anderen Tempel der inneren Welten, an dessen Tor auf einer Inschrift steht: Gnostischer Tempel derjenigen, die das Leben verlängern. Der Eingeweihte betritt mit dem Astralkörper diese Tempel und erhält dort in einer Zeremonie das Elixier des ewigen Lebens. Dieses Gas bleibt auf der Vitalebene hinterlegt.

Später muss man in den Prüfungen des Arkanum 13 den Tod besiegen, diese Prüfungen sind wirklich schrecklich, und sehr wenige Menschen besitzen soviel Tapferkeit, ihnen erfolgreich gegenüberzutreten. Dem, der siegreich hervorgeht, wird verkündet, dass er ständig sterben muss; tatsächlich stirbt er, aber er stirbt nicht. Am dritten Tage nach seinem Tod nähert sich der Eingeweihte im Astralkörper seinem Grab, um seinen Körper anzurufen; bei dieser Arbeit helfen ihm die Geister der Bewegung, die Engel des Todes und andere Hierarchien. Der Körper gehorcht, und wenn er sich aus seinem Grab erhebt, dringt er vollständig in die übersinnlichen Welten ein; dann behandeln ihn die heiligen Frauen mit bestimmten Drogen, und die göttlichen Hierarchien flößen ihm das Leben und die Bewegung ein. Dann gehorcht der Körper den höchsten Befehlen und tritt durch die Zirbeldrüse in den Eingeweihten ein; diese Drüse ist die Lotusblume der

Tausend Blütenblätter im Astralkörper, die Krone der Heiligen, das diamantene Auge. Auf diese Weise ersteht man von den Toten auf.

Alle Meister, die auferstanden sind, leben mit ihren physischen Körpern über Tausende von Jahren hinweg. Zanoni beging den Fehler, eine Frau zu nehmen, nachdem er von den Toten auferstanden war, aus diesem Grund verlor er während der Französischen Revolution den Kopf unter der Guillotine. Auf einer solchen Höhe angekommen, lebt der Eingeweihte nur noch, um die Strömungen des Lebens der Jahrhunderte zu lenken, und er braucht keine Frau mehr; das ist das Geschenk von Amor.

Auch wenn der Körper des Eingeweihten im Jinas-Zustand bleibt, wird er sichtbar und greifbar, wo er will und arbeitet in der physischen Welt, im Einklang mit der Weißen Loge. Von diesem Moment an lenkt er das große Leben, hat Macht über das Feuer, die Luft, das Wasser und die Erde, die gesamte Natur kniet vor ihm nieder und gehorcht ihm, er kann unter den Menschen leben und ist ein Mensch-Gott. Natürlich ist es unvermeidbar, die Prüfungen des Arkanum 13 zu durchlaufen, um auf diese Höhen zu gelangen.

Der Körper wird für den Tod einbalsamiert, das Abendmahl von Bethanien entspricht diesem Ereignis des Arkanum 13. Nach der Einbalsamierung für den Tod wird der Körper für das Grab einer speziellen Evolution unterworfen, die sich innerhalb der Nummern 30 und 35 entwickelt, die zusammengezählt 11 ergeben: „der gebändigte Löwe".

Man muss die Natur bezwingen und sie besiegen. Wenn der Körper für das Grab bereit ist, kommen die Prozesse des Todes und der Wiederauferstehung, und in diesem Fall durchtrennen die Engel des Todes die Silberschnur nicht, so stirbt man, aber man stirbt nicht. Das physische Gehirn des Eingeweihten durchläuft eine besondere Umwandlung, es wird subtiler, feiner und strahlend. Das Abendmahl von Bethanien entspricht diesen Vorgängen bei Jesus, dem Christus.

„Als nun Jesus in Bethanien war, im Hause Simons des Aussätzigen, trat zu ihm eine Frau, die hatte ein Alabastergefäß mit kostbarem Salböl und goss es auf sein Haupt, als er zu Tisch saß.

Als das die Jünger sahen, wurden sie unwillig und sprachen: Wozu diese Verschwendung? Man hätte das Öl teuer verkaufen und das Geld den Armen geben können. Als Jesus das bemerkte, sprach er zu ihnen: Warum belästigt ihr die Frau? Sie hat ein gutes Werk an mir getan.

Denn die Armen habt ihr immer bei euch, mich aber habt ihr nicht immer. Als sie das Öl über mich goss, hat sie meinen Leib für das Begräbnis gesalbt.

Wahrlich, ich sage euch: Überall auf der Welt, wo dieses Evangelium verkündet wird, wird man sich an sie erinnern und erzählen, was sie getan hat.“ (Matt. 26: 6 - 13)

Die Mysterien des Todes sind großartig. Jesus lernte in der Einsamkeit der Wüste die anbetungswürdige Göttin des Todes kennen, nachdem er über den Jordan gekommen war. Die Muttergöttin des Todes ist bei den Azteken unter dem Namen Mictlancihuatl bekannt, und sie ist die höchste Führerin der Engel des Todes. Sie ist die Einzige, die uns von Schmerz und Leid befreit.

Sie führt uns Millionen Male aus diesem Tränental, immer voll unendlicher mütterlicher Liebe, voller Barmherzigkeit, anbetungswürdig und gut.

Die drei Schlüssel des Leides sind: der Mond, die unzüchtige Frau und die trüben Wasser, all das gehört dem schrecklichen Reich der Santa Maria an, dem Abgrund.

Die gesegnete Göttin des Todes ist Liebe und Barmherzigkeit; die Azteken stellten sie mit einem Diadem aus 9 Schädeln dar; 9 ist die Einweihung. Wer das Arkanum 13 verwirklicht, befreit sich vollständig. Die Göttin nimmt und gibt, deshalb wird sie mit vier Händen dargestellt.

Ehecatl, der Gott des Windes

Ehecatl, der Gott des Windes bei den Azteken, intervenierte bei der Auferstehung Jesu Christi. Am dritten Tage trat er in das Grab Jesu und rief mit lauter Stimme: „Jesus, erhebe dich mit deinem Körper aus deinem Grab!“ Ehecatl verlieh dem Körper Jesu Aktivität und Bewegung.

Ehecatl, der Geist der Bewegung, ist ein prächtiger Engel. Die Herren der Bewegung steuern alle Aktivitäten der kosmischen Bewegung.

Die Azteken verehrten Ehecatl. „Und am ersten Tag der Woche, ganz früh am Morgen, kamen die heiligen Frauen (im Astralkörper) an das Grab und brachten wohlriechenden Salben, die sie zubereitet hatten, und andere Frauen mit sich.“

Der physische Körper Jesu wurde in den inneren Welten gebracht, er blieb im Jinas-Zustand; das Grab war leer. „Petrus aber stand auf und lief zum Grab. Er beugte sich vor, sah aber nur die Leinenbinden und wunderte sich, was geschehen war.“

Der Körper Jesu wurde mit wohlriechenden Salben und heiligen Tinkturen behandelt, dann drang er durch die astrale Zirbeldrüse des Meisters ein; so wurde er mit seinem Körper auferweckt, der im Jinas-Zustand für die Schüler von Emaus sichtbar und greifbar werden konnte. „Und als Jesus mit ihnen am Tisch saß, nahm er das Brot, segnete es, brach es und gab es ihnen. Da öffneten sich ihre Augen und sie erkannten ihn, aber er verschwand vor ihren Augen.“

„Den Elf schien es unglaublich, dass Jesus auferstanden war und als Er sich mitten unter sie stellte und sprach: „Friede sei mit euch“, da erschraken und erstaunten sie und dachten, sie sähen einen Geist (ganz einfach, weil es ihnen unmöglich erschien, dass ein Toter leben könnte); er aber sprach zu ihnen: „Warum seid ihr beunruhigt und habt Gedanken in euren Herzen?

Seht meine Hände und meine Füße, ich bin es selbst; fasst mich an und seht mich an, denn ein Geist hat weder Fleisch noch Knochen, wie ihr es bei mir seht. Und als letzten Beweis dafür, dass er einen Körper aus Fleisch und Blut hatte, aß er mit ihnen am Tisch.“

Später ging der Meister ins östliche Tibet.

Er lehrte und zeigte der Menschheit die Lehre der Auferstehung der Toten. Wenn er die Sexualmagie praktiziert, die Frau verehrt, zu lieben weiß, kann jeder Mensch die höchsten Gipfel der Auferstehung erreichen.

Shambhala

Shambhala ist ein geheimes Land im östlichen Tibet, dort lebt Jesus der Christus heutzutage mit demselben, auferstandenen, physischen Körper und dort hat er auch seinen Mysterientempel. Dieses Land befindet sich im Jinas-Zustand und dort gibt es die wichtigsten Klöster der Weißen Loge. Dort leben viele Meister, deren Körper sich im Jinas-Zustand befinden und aus uralten Zeiten stammen.

Als Jesus über das Wasser ging, war sein Körper im Jinas-Zustand; jeder Schüler kann auf dieselbe Weise reisen: der Schüler schläft ein und erhebt sich dann voller Glauben aus seinem Bett, wie ein Schlafwandler, der seinen Schlaf beibehält; dann macht er einen kleinen Sprung, mit der Absicht, in die übersinnlichen Welten einzutauchen; beim Springen schwebt er in seiner Umgebung, das nennt man Jinas-Zustand, und so schwebt man im Raum und geht auf dem Wasser. Einige sind sofort erfolgreich, andere brauchen Monate oder sogar Jahre.

Überall auf der Welt gibt es Klöster der Weißen Loge im Jinas-Zustand. Im Astralkörper oder im Jinas-Zustand können unsere Schüler Shambhala besuchen und mit dem Christus sprechen.

Um nach Shambhala zu gelangen, nimmt man einen Weg, der vom Nordosten der Stadt Gandhara ausgeht und zu den Flüssen Shita und Bhastani führt, hinter denen sich zwei heilige Säulen befinden; dort gibt es einen See, wo ein alter Eingeweihter den Wanderer in das geheime Land führt. Die Profanen würden dieses Land niemals finden, denn es ist sehr versteckt.

Jesus der Christus wird beim Zenit des Wassermannes mit demselben Körper, mit dem er auferstanden ist und der im Jinas-Zustand erhalten wird, zurückkehren. Später wird der Meister zur Antarktis zurückkehren, um die sechste Rasse Koradhi zu erleuchten. Viel später wird er zurückkehren, um die siebente Rasse zu unterrichten. Er ist der Retter der Welt, wahrhaftig der Einzige, der uns retten kann, das strahlende und leuchtende Ich-Bin. Jesus der Christus brachte die Lehre des Ich-Bin und deshalb ist er der Erretter.

Die römisch-katholischen Priester stahlen die geheime Lehre des Herrn. Jeder Mystiker im Ekstasezustand kann in jeder spirituellen Schule, Religion oder Sekte den Christus an eine Säule gefesselt sehen, wo er 5.000 Mal oder mehr ausgepeitscht wurde. All diese Schulen und Religionen peitschen den Herrn täglich aus.

Die Theosophen glauben immer noch, dass es über Jesus dem Christus höhere Wesen gibt. Diese armen Verirrten täuschen sich, denn Jesus der Christus ist ein Paramarthasatya, der das Absolute zurückgewiesen hat, um in dieses Tränental zu kommen. Der Christus Jesus ist der Führer aller Seelen, ein Bewohner des Absoluten.

Die Aquarianisten haben den Fehler begangen, sich einem perversen französischen Ingenieur anzuschließen, der sich als Jesus Christus ausgibt, ein gewisser Laferriere, ein Bösewicht; diese schreckliche Larve ist schon von ihrem Innersten getrennt, sie ist ein verdorbener Dämon des Abgrundes. Dieses betrügerische Monster wird seine Strafe erhalten, das sind die Hunde, die nicht in das himmlische Jerusalem eintreten werden; im Krieg werden die Verräter in den Rücken geschossen.

Welche Strafe verdienen jene, die den Führer der Seelen verraten haben, jene, die den Christus gegen einen Betrüger austauschen?

„Mein Vater, vergib ihnen, denn sie wissen nicht, was sie tun.“

Wir alle sagen Folgendes: Wer sich in den Schüler eines Dämons verwandelt, wird in den Abgrund stürzen, um seinem angebeteten Guru-Dämon zur Seite zu stehen.

Die gnostische Bewegung

Die mächtige gnostische revolutionäre universelle Bewegung schreitet an allen Fronten siegreich voran, und nichts und niemand kann uns bei diesem leuchtenden und siegreichen Marsch aufhalten. Unser Leiter ist unser Herr Jesus Christus, der in Shambhala in Tibet mit demselben Körper lebt, der von den Toten auferstandenen ist; mit ihm wohnen viele andere Meister, deren Körper Söhne der Auferstehung sind.

Wir sind die Gründer des neuen Zeitalters des Wassermannes. In dem neuen Zeitalter werden wir auf der Erde gnostische Regierungen errichten, und dann werden die Grenzen, Kriege, der Hass, usw. verschwinden.

Wir, die Meister der Weißen Loge, haben die Herren De Laferriere und Estrada nicht dazu bevollmächtigt, Einweihungsschulen zu öffnen; diese finsteren Bösewichte sind gefährliche Betrüger; in ihrer Gegenwart muss man seinen Geldbeutel gut bewachen.

Der Hauptsitz der gnostischen Bewegung in der westlichen Welt ist das gnostische Sumum Supremum Santuarium in der Sierra Nevada von Santa Marta, Republik Kolumbien, Südamerika.

In den Bergen der Sierra Nevada haben wir unseren unterirdischen Tempel; alle Tempel der weißen Loge sind unterirdisch und in den Wäldern und Bergen der ganzen Welt verborgen.

Der Hauptsitz der gnostischen Bewegung ist in Shambhala, im östlichen Tibet. In ganz Amerika leben Tausende von Gnostikern.

Die gnostische Fahne hat zwei Streifen, der obere ist rot und der untere weiß, zwischen diesen zwei horizontalen Streifen ist ein goldenes Kreuz; auf der Fahnenstange ist ein eisernes Kreuz.

Wir sind die Anhänger des Ich-Bin, Ich-Bin ist der wahre Avatar des Wassermannes.

Erlaubt mir, zu behaupten, dass die gnostische Bewegung keine Schule ist, sondern eine revolutionäre, internationale, universale Bewegung. Erlaubt mir, einem armen Diener des Herrn, elenden Sünder, die Großartigkeit meines leuchtenden Ich-Bin zu bestätigen, vor dem ich niederknie, weil ich mich schwach in der Tugend fühle und voller Sünden.

Ich Bin der Avatar des Wassermannes. „Ich bin das lebendige Brot, das vom Himmel herabgestiegen ist; wenn jemand von diesem Brot isst, wird er für immer leben und das Brot, das ich geben werde, ist mein Fleisch, das ich für das Leben der Welt geben werde."

Ich Bin der Begründer des neuen Zeitalters. „Ich bin das Alpha und Omega, der Anfang und das Ende, der Erste und der Letzte." Ich Bin die Kraft, die in jedem Atom und in jeder Sonne schlägt; ich Bin das Licht der Welt und wer mir folgt, wird nicht in der Finsternis schreiten, sondern er wird das Licht des Lebens erhalten." Ich Bin die starke Kraft aller Kräfte und in mir spiegelt sich alle Kraft wider." Ich Bin der ich Bin. Die größte Kraft der ganzen Welt ist die Kraft der Liebe. Ich Bin die Kraft der Liebe.

Verlasst die spirituellen Schulen und die perversen Religionen, kniet demütig nieder vor dem strahlenden und leuchtenden Ich-Bin. Er, Er, Er ist euer einziger Erretter.

Gnostische Tradition

Wir wurden im römischen Zirkus den Löwen vorgeworfen und wir feierten unsere Rituale in den Katakomben, wir wurden lebendig auf den Scheiterhaufen der römisch-katholischen Inquisition verbrannt. Wir haben den Christus Jesus ins Heilige Land begleitet, waren die mystischen Essener von Palästina und wir improvisieren keine opportunistischen Lehren wie La Ferriere oder Estrada. Wir waren zwanzig Jahrhunderte lang verborgen und jetzt kehren wir auf die Straße zurück und tragen auf unseren Schultern das alte, schwere und grobe Kreuz.

Paulus brachte unsere Lehre nach Rom und wurde gnostischer Nazarener. Christus lehrte unsere Lehre im Geheimen seinen siebzig Jüngern. Die Sethianer, Perater, Karpokratianer, Nazarener und Essener sind Gnostiker. Die ägyptischen, aztekischen Mysterien und die von Rom, Troja und Karthago, von Eleusis, von Indien, die druidischen, pythagoreischen, kambirischen, die von Mytra und Persien, usw. sind alle zusammen das, was wir Gnosis oder Gnostizismus nennen.

Jetzt werden wir die alten gnostischen Heiligtümer, die mit dem Eintritt des schwarzen Zeitalters geschlossen wurden, wieder öffnen.

Wir öffnen jetzt die wahren Einweihungsschulen.

Praktiken und nicht Theorien

Die Menschen sind des Studierens überdrüssig und wollen endlich selbst wissen, sehen, hören, anfassen und spüren. Das neue Zeitalter des Wassermannes ist für praktische Okkultisten. Es ist wichtig, dass wir lernen, auf eigenen Willen mit dem Astralkörper zu reisen und mit dem physischen Körper im Jinas-Zustand zu reisen, mit dem Körper aus Fleisch und Blut zu fliegen, uns in die inneren Welten zu begeben, die Seelen der Toten zu besuchen, uns mit dem physischen Körper in die Welt der Engel zu begeben; all das ist ein großer Sieg des Geistes. So können wir uns zu allen Tempeln der Weißen Loge begeben, zu Füßen der großen Meister studieren, die großen Mysterien des Lebens und des Todes kennenlernen; so werden wir uns von den vielen Theorien und dem vielen absurden Intellektualismus befreien.

Wir raten unseren Schülern, dass sie den Umgang mit den finsteren Menschen des Reiches der Santa Maria des Abgrundes sorgfältig vermeiden.

Die finsteren Aquarianisten werden euch sagen, dass Astralreisen gefährlich ist, so haben sie es von ihrem gefährlichen Betrüger, der sich als Jesus Christus ausgibt, gelernt. Die Theosophen werden euch durch ihre äußerst komplizierten Theorien mit Angst und Verwirrung erfüllen. Die Spiritisten werden versuchen, euren Verstand zu verwirren, um euch zu überzeugen, dass die spiritistischen Sitzungen das Beste des Besten ist; in allen spiritistischen Zentren treten widerliche und schreckliche Dämonen des Abgrundes als unaussprechliche Heilige oder als Jesus Christus selbst auf; diese armen Menschen sind Opfer der widerlichen Larven und Dämonen des Abgrundes, und das Schlimmste ist, dass sie davon überzeugt sind, dass sie sich im Licht befinden. Kein Finsterer glaubt, dass er auf dem falschen Weg ist.

Die Rosenkreuzer werden euch sagen, dass Astralreisen gefährlich ist und dass die Zeit dafür noch nicht gekommen ist; sie sind fest von ihrer Überlegenheit gegenüber den profanen Menschen überzeugt.

All diese Menschen gehören dem Abgrund an, sie besitzen einen schrecklichen und fürchterlichen Stolz, sind voller Angst und Unzucht und vergießen den Samen auf erbärmliche Weise; deshalb sind sie schwarze Magier, sie akzeptieren jedoch nie, was sie sind; sie verteidigen ihre angebetete Unzucht mit feinen Spitzfindigkeiten und subtilen Philosophien, begleitet von süßem Lächeln und scheinbarer Sanftmut. Alle Vereinigungen von Unzüchtigen gehören der schwarzen Loge an. Jede dieser Schulen ist ein Geschäft und hat ihren Chef oder Leiter, der verehrt wird wie ein Heiliger und Meister; diese Leiter leben von ihrer Schule, das ist ihr Geschäft und sie verteidigen es mit süßen heuchlerischen Worten. Für diejenigen, die sich als Meister, Gurus, Avatare, ältere Brüder, große Reformatoren, indische Fürsten, usw. ausgeben, ist es nicht gut, wenn die Schüler lernen, mit dem Astralkörper zu reisen, denn sie fürchten, von ihren eigenen Schülern aufgedeckt zu werden; außerdem wissen sie selbst nicht, wie man mit dem Astralkörper reist, und können es also ihren Schülern nicht beibringen.

Natürlich versuchen sie, ihre armen Anhänger mit ihren Theorien und Angstmachereien zu behindern. Es gibt andere, die sich mit dem Vorwand, eine universale Bruderschaft ohne die Unterschiede von Rasse, Glauben, Kaste oder Hautfarbe zu gründen, den Bart und das Haar wachsen lassen und versuchen, alle Schulen zu monopolisieren; die armen Opfer der Niederträchtigkeit verwandeln sich schließlich in eine Ziegenherde, in intolerante und schädliche Fanatiker. Das ist die Wahrheit dieser Zeiten, deshalb raten wir unseren Schülern, den Umgang mit diesen Schulen des Abgrundes sorgfältig zu vermeiden; wahrlich, so wie die Dinge stehen, ist es das Beste, niemandem zu folgen, das ist äußerst gefährlich. Verehren wir unser Ich-Bin!

Jinas-Zustände

Bei den Praktiken des Jinas ist das Erste, was der Schüler braucht, viel Glauben; für den, der den Verstand voller Zweifel hat, ist es besser, wenn er sich nicht mit diesen Studien beschäftigt, denn er könnte verrückt werden.

Das Zweite, was man braucht, ist Ausdauer und Geduld, wie die des Heiligen Hiob. Fehlende Ausdauer und Geduld bei diesen Praktiken führen unweigerlich zum Scheitern.

Jene, die mit diesen Praktiken beginnen und ihrer schnell müde werden, dienen nicht für diese Studien; zieht euch zurück!

Das Dritte ist, Methode und Ordnung bei den Praktiken zu haben.

Der Schüler kann die Kräfte des Gottes Harpokrates benutzen, um zu lernen, mit dem physischen Körper im Jinas-Zustand zu reisen.

Übung

Erwärmt ein Hühnerei in Wasser und macht mit einem spitzen Gegenstand ein kleines Loch am spitzen Ende, dann nehmt das Eigelb und Eiweiß heraus.

Die Schale des Eis enthält die Kräfte des Gottes Harpokrates, die eine Variante der christlichen Kräfte sind. Der Schüler legt die Schale auf den Nachttisch seines Bettes oder in die Nähe davon, dann schläft er ein, während er den Gott Harpokrates anruft.

Nur ein bisschen Schlaf und viel Glauben sind nötig; man muss einschlafen, während man voller Glauben das Gebet des Gottes Harpokrates folgendermaßen betet: „Ich glaube an Gott, ich glaube an Christus, ich glaube an Har-po-krat-ist. Har-po-krat-ist, bringe mich mit meinem Körper zur gnostischen Kirche.“

Der Schüler betet dieses Gebet in Gedanken viele Male hintereinander, schläft dann ein und erhebt sich wie ein Schlafwandler vom Bett, nimmt das Ei und geht umher, indem er sagt: „Har-po-krat-ist, hilf mir, denn ich gehe mit meinem Körper.“

Bevor man das Haus verlässt, springt man so weit es geht und markiert genau die Stelle, wo man beim Springen angekommen ist; in der nächsten Nacht wiederholt man das Experiment an demselben Ort und versucht, die vorherige Markierung zu übertreffen; man muss den Schlaf wie einen Schatz bewahren, die Kraft liegt im Schlaf und im intensiven Glauben.

Täglich markiert man die neuen Fortschritte; so muss man Tage, Monate oder Jahre durchhalten, bis man triumphiert.

Der Fortschritt bei der zurückgelegten Distanz ist ein deutliches Zeichen eines großartigen Fortschrittes, das zeigt, dass man Schritt für Schritt in den Jinas-Zustand tritt. Später wird der Schüler es erreichen, Sprünge von drei, vier oder mehr Metern zu vollführen. Hartnäckigkeit ist äußerst wichtig, nur so hat man Erfolg.

Am Ende erreicht der Schüler es wirklich, sich im Raum jenseits aller normalen Grenzen zu halten, dann ist sein Körper im Jinas-Zustand und die Menschen können ihn nicht sehen, er ist unsichtbar geworden. In diesem Zustand ist der Körper in die inneren Welten eingetaucht, er unterliegt also den Gesetzen der übersinnlichen Welten, der Levitation, der Elastizität, der Plastizität, Porosität, usw., ohne seine physiologischen Eigenschaften zu verlieren. Das ist eine Abwandlung des Schlafwandelns, es ist ein willentliches und bewusstes Schlafwandeln.

Die Kräfte des Schlafes und des Glaubens sind schrecklich; so können wir die Lehren direkt in den inneren Tempeln erhalten.

In Indien treten die Yogis in den Jinas-Zustand, indem sie ein Sannyasi mit dem physischen Körper praktizieren.

Das Sannyasi besteht aus Konzentration, Meditation und sofortiger, gleichzeitiger Ekstase. Wir begeben uns mit der Übung des Harpokrates in den Jinas-Zustand. Wenn der Yogi sein Sannyasi praktiziert, fliegt er, schreitet er über Wasser, durchschreitet er Feuer ohne sich zu verbrennen und geht durch Felsen und Höhlen der Erde. Wer diese Stufe der Meditation erreicht, ist schon ein Sannyasin der Gedanken.

Im Westen benutzen wir das westliche Yoga, bei dem die Übung von Harpokrates einen Teil bildet; die Voraussetzungen, um sie üben zu können, sind: Glauben, Ausdauer und Stille, denn wer seine Erfolge Anderen erzählt, verliert seine Kräfte und außerdem verwandelt er sich in einen Taugenichts; diese geschwätzigen, dummen Menschen müssen von der gnostischen Bewegung ausgestoßen werden.

Im Jinas-Zustand können wir Tibet in Fleisch und Blut besuchen und mit dem Christus Jesus und den Meistern sprechen.

Frau Neel erzählt uns in ihrem Buch „Magier und Heilige in Tibet“ von tibetanischen Lamas, die im Schlafzustand große Entfernungen überbrücken, ohne zu ermüden; ahmen wir diese Asketen nach, wir sind vollkommen praktisch, wir wollen die Zeit nicht mit intellektuellem Herumschweifen vergeuden; so sprechen wir Gnostiker, direkt. Heutzutage wollen die Menschen praktische Dinge, keine Theorien mehr, kein intellektuelles Herumschweifen mehr, keine Ausbeutung; gehen wir zu den praktischen Tatsachen, gehen wir zum Kern der Dinge!

Unglücklich ist derjenige, der diese Kräfte für seine Unzüchtigkeiten und Boshaftigkeiten benutzt. Jene, die diese Kräfte erlangen, sollten sie nur benutzen, um die Klöster der Weißen Loge zu besuchen, oder die Wunder der Natur zu studieren.

Nach jeder Übung von Harpokrates sammeln wir in unserem inneren Körper enorme Mengen von Energie an, mit der wir allmählich die Kraft erreichen, den Körper in den Jinas-Zustand zu versetzen; dazu ist viel Geduld nötig.

Wer diese Kräfte missbraucht, wird in der äußeren Finsternis versinken, wo man nur Schreien und Zähneknirschen hört. Für diese Menschen wäre es besser, nie geboren worden zu sein, oder sich einen Stein an den Hals zu binden und sich ins Meer zu werfen. Das ist eine göttliche Wissenschaft, aber leider will die Menschheit nur Geld, Sex und Verbrechen.

Die spirituellen Brüder sind Schlangen in einem Strauß Blumen; sie sind schlimmer als die profanen Menschen.

Anmerkung

Mit viel Schlaf reist man im Astral, mit wenig Schlaf und glühendem Glauben reist man mit dem Körper im Jinas-Zustand; lernt also, den Schlaf zu bemessen.

Vorstellungskraft, Inspiration, Intuition

Die Vorstellungskraft ist die Hellsichtigkeit; vorstellen ist sehen.

Der Erfinder, der sich seine Erfindung vorstellt, sieht sie in Wirklichkeit mit seiner Hellsichtigkeit. Jede Erfindung existiert in den inneren Welten, bevor sie in der physischen Welt erscheint, alle Erfindungen existieren schon in den inneren Welten, der Erfinder stellt sie sich vor und konkretisiert sie dann in der physischen Welt. Der Maler stellt sich das Bild vor, das er malen will; dieses Bild existiert bereits in den inneren Welten.

Um die Hellsichtigkeit zu entwickeln, ist es notwendig, schweigen zu können, der Seher, der seine Visionen erzählt, dient zu nichts, er muss wegen eines Sakrilegs aus den gnostischen Heiligtümern ausgestoßen werden.

Wenn wir das Stirnchakra zum Drehen bringen, spiegeln sich die Bilder voller Licht, Farbe und Klang wider; das ist die angewandte Hellsichtigkeit.

Der Hellseher muss zu leiden und zu schweigen wissen, er muss zu verzichten und zu sterben wissen.

Inspiration

Wenn wir lernen, die symbolischen Bilder der inneren Welten zu interpretieren, haben wir das inspirierte Wissen erreicht.

Die inneren Bilder werden interpretiert, indem man sich auf das Gesetz der philosophischen Analogien stützt, auf das Gesetz der Analogien der Gegensätze, auf das Gesetz der Entsprechungen und der Zahlenlehre.

Was gleicht einem Feind? Ein wütender Stier.

Was gleicht dem Regen? Tränen.

Intuition

Wenn wir wissen, ohne zu überlegen, wenn wir ein symbolisches Bild in den höheren Welten sehen und sofort seine Bedeutung wissen, dann haben wir das intuitive Wissen erreicht. Der intuitive Mensch weiß alles, ohne nachdenken zu müssen.

Das neue Zeitalter des Wassermannes ist das Zeitalter der Intuition. Das Mantram OM hat die Kraft, das Stirnchakra und das Herzchakra zu erwecken, d. h. die Hellsichtigkeit und die Intuition. Wenn wir über das OM meditieren, erreichen wir die Erleuchtung.

Vorstellung, Inspiration und Intuition sind die drei obligatorischen Wege der Einweihung.

Wir weisen darauf hin, dass diejenigen Erleuchteten, die Anderen ihre esoterischen Erfahrungen erzählen, den Tempel entweihen; diese Art von Gnostikern muss von den Lehrern streng verwarnt werden.

Das Apostolat

Wer Kräfte entwickeln will, muss sich für die Menschheit opfern. Die Kräfte sind Bezahlungen, die der regierende Logos dem Menschen macht, wenn er ihm etwas schuldet. Wem nichts geschuldet wird, wird nichts bezahlt.

Der Herrscher des solaren Systems heißt Atin, dieses große Wesen bezahlt immer, was es schuldet.

Die Hellseher dürfen weder fremdes Leben ausspionieren, noch irgendjemanden richten, denn das ist schlecht, jeder Mensch ist so, wie er ist, und niemand sollte sich um ein fremdes Leben kümmern. Was man machen sollte, ist, am großen Werk arbeiten, und so wird einem der Lohn gezahlt. Die Einweihungen, die Grade und die Kräfte erhält man, wenn man die Sexualmagie praktiziert, mit den schlechten Gewohnheiten aufhört und selbstlos am Werk des Vaters arbeitet.

Wer Einweihungen und Grade will, möge dieses Buch studieren, es dann praktisch anwenden und die Lehre allen Menschen überall weitergeben; er möge zum Apostel werden, zum gnostischen Leiter; viel erhält man als Dank, viel als Bezahlung. Ihr könnt überall gnostische Heiligtümer gründen, in jedem einfachen Raum. Ruft eure Freunde zusammen, versammelt die Menschen und lehrt sie diese Lehre, werdet zu Leitern der mächtigen gnostischen, revolutionären universalen Bewegung.

Menschen mit Begabung, lehrt diese Lehre, aber macht kein Geschäft mit ihr; benutzt die Hellsichtigkeit auch nicht dazu, fremde Leben auszuspionieren. Gründet erhabene Heiligtümer mit einfachen Menschen, einfachen Arbeitern. Wir werden die Welt verwandeln, auf in den Kampf für das neue Zeitalter des Wassermannes! Nieder mit den Ketten! Wir werden mit dieser Lehre kämpfen, wir werden die gnostische Fahne auf die rauchenden Ruinen des Vatikans setzen! Auf in den Kampf! Auf in den Kampf! Auf in den Kampf!

Wir werden gegen alles Verdorbene, Schlechte und Perverse dieser Zeiten kämpfen. Und was sagen die fein gekleideten Herrschaften der Aristokratie, diese Herrschaften mit den gestärkten Krägen? In Wahrheit ist in der heutigen Zeit alles verdorben.

Arbeitet am Großen Werk des Vaters, so werdet ihr eure Schulden bezahlen und euch vom Gesetz des Karma befreien, später werdet ihr durch den Glauben an Christus gerechtfertigt werden und dann werdet ihr unter der Gnade leben. Wenn wir Diener der Sünde sind, unterliegen wir dem Gesetz des Karma, wenn wir Diener des Herrn sind, werden wir unter der Wirkung der Gnade leben, alles werden wir durch den Glauben erhalten, und die Kräfte werden uns als Dank oder Segen verliehen. Der Arbeiter erhält seinen Lohn, das ist die Bezahlung des Gesetzes.

Jene, die sich schon christifiziert haben, erhalten Gaben, Kräfte, Ruhm und Würde als Dank oder Segen. Wo das Gesetz nicht existiert, existiert auch die Sünde nicht. Opfert euch für das Große Werk des Vaters, opfert euch!

Es gibt wenige Eingeweihte, die verstehen, was die Eigenschaften der großen Eingeweihten sind.

Den gnostischen Aposteln fehlt nie ein Judas, der sie verrät, ein Petrus, der sie verleugnet, ein Thomas, der sie erniedrigt und eine Maria Magdalena, die sie beweint. Da die großen Eingeweihten so einfach sind, unterschätzen und verachten die Menschen sie, alle hätten gerne, dass sie sich im täglichen Leben gemäß der Gewohnheiten verhalten, die durch falsche Kriterien festgelegt wurden.

Die vernünftigen Menschen irren sich, wenn sie über das tägliche Leben der großen Eingeweihten ein Urteil fällen; die extreme Einfachheit wird von den vernünftigen Menschen nicht verstanden. Die gnostischen Apostel müssen zu schweigen wissen, zu verzichten wissen und zu sterben wissen.

Regeln der Versammlungen

Die Versammlungen sollten mit Ordnung und Ehrfurcht abgehalten werden.

Uns Lehrer sollte man nicht Meister, sondern Freunde nennen, nur der innere Christus ist der Meister. Die gnostische Bewegung ist unpersönlich und besteht aus einfachen Arbeitern. Wir weisen jeden Personenkult zurück, akzeptieren keine Befehlshaber, niemand ist mehr als der andere, wir sind alle Arbeiter, Handwerker, Mechaniker, Bauern, Schriftsteller, Ärzte, usw.

Die Idolatrie des Goldenen Kalbs wird im Zeitalter des Wassermannes abgeschafft werden, und in der gnostischen Bewegung weisen wir sie zurück. Ein Feuergott, ein großes Wesen, das in der feurigen Schicht des Planeten lebt, sagte: „Im Zeitalter des Wassermannes wird das Kapital enthauptet werden."

In der neuen Ära wird es keine Intellektuellen geben, sie sind wegen ihrer Barbarei und Bosheit gefährlich, vermeidet den Umgang mit ihnen. In der neuen Ära wird es keine Reichen und keine Armen mehr geben, sondern würdige und anständige Arbeiter des großen Werkes, das ist alles.

Wir akzeptieren keine Adelstitel und auch keine hochgestochenen Titel von Doktoren, Anwälten, Gurus, Meistern, älteren Brüdern oder Avataren, usw., wir sind alle Freunde, Wassermann ist das Haus der Freunde.

Jede Versammlung sollte mit dem Studium und der Besprechung eines Teiles dieser Lehre beginnen. Der einzige Meister ist der Christus, die vielfältige vollkommene Einheit, wir Menschen sind mehr oder weniger unvollkommen. Ich, der Autor dieses Buches bin der Meister von niemandem und ich flehe die Menschen an, mir nicht zu folgen, ich bin unvollkommen, wie alle anderen auch; es ist ein Fehler, einem unvollkommenen Menschen zu folgen, jeder sollte seinem Ich-Bin folgen.

Wenn ein neues Heiligtum gegründet wird, muss das den Direktoren der gnostischen Bewegung mitgeteilt werden; so werdet ihr Unterstützung erhalten und beschützt werden; wir helfen immer jedem, der um Hilfe bittet.

Auswahl des Personals

Im Moment treffen die Brüder des großen Kollegiums der Eingeweihten der Weißen Loge eine Auswahl von menschlichem Personal, sie trennen die Schafe von den Böcken, damit die neue Ära beginnen kann; es wäre unmöglich, ein Zeitalter des Lichtes mit Mördern, Prostituierten und Dieben zu beginnen. Wir sagen: Jeder, der den Samen vergießt, verwandelt sich in einen Dämon, auch wenn er Theosoph oder Rosenkreuzer ist; die mystischen Diebe, die Jähzornigen und die Mörder verwandeln sich auch in Dämonen.

Es gibt in der heutigen Zeit viele Millionen Seelen, die Hörner auf der Stirn haben, unter ihnen Tausende von Theosophen, Rosenkreuzern, Aquarianisten, usw., sie sind vom Innersten getrennt, sie sind Dämonen, obwohl viele aufrichtig Irrende sind und gute Absichten haben, sind sie schon zum Grad eines Dämons abgestiegen und halten sich für so heilig. Wie einfältig!

Die Dämonen verwandeln sich in Bewohner des Abgrundes und werden sich im Zeitalter des Wassermannes nicht reinkarnieren können, denn es ist das Jahrtausend der Apokalypse, sie werden bis zum Zeitalter des Steinbockes warten müssen (Zeitalter des Heiligen Geistes) und dann wird ihnen die letzte Möglichkeit gegeben. In jenem Zeitalter wird Jahve einen physischen Körper haben und in Palästina geboren werden, er wird ein Krieger sein; dann werden die Bewohner des Abgrundes, nachdem sie die Schrecken desselben erfahren haben, zur Ordnung gerufen werden, und werden sich zwischen Christus und Jahve entscheiden müssen.

Die Juden werden dann Jahve als den wahren, versprochenen Messias präsentieren und die zweifellos verdorbenen Persönlichkeiten werden Jahve in den Abgrund folgen, schließlich werden sie sich nach aufeinanderfolgenden Ewigkeiten auflösen. Die Monaden, die Innersten dieser Personen werden ihre Evolution als Nachzügler mit neuen Persönlichkeiten fortsetzen und nach Ewigkeiten werden sie das unvermeidbare Ziel erreichen.

Die heutige menschliche Evolution ist gescheitert, dieses große Babylon wird durch Blut und Feuer zerstört werden; mehr als die Hälfte der Menschheit hat Hörner auf der Stirn, diese Seelen folgen einer langsamen, mühseligen, schrecklichen Evolution. Die arische Rasse ist die ganze heutige Menschheit, und diese große Hure wird in den Abgrund stürzen.

Die Götter richteten die große Hure und sie wurde als unwürdig erklärt.

In den Abgrund! In den Abgrund! In den Abgrund!

Bevor der dritte Weltkrieg beginnt, werden sie auf verschiedene Weisen den Frieden suchen, aber der Intellekt wird vollständig scheitern.

Weltliches Karma

Bevor das neue Zeitalter des Wassermannes beginnt, müssen alle Nationen ihre großen karmischen Schulden bezahlen. Es wird Krieg geben zwischen dem Osten und dem Westen, für das Wohl der Menschheit, so sprach der Herr Jehova. Wir wissen, dass der Orient den Krieg gewinnen wird.

„Im Zeitalter des Wassermannes wird das Kapital enthauptet und die Vereinigten Staaten von Amerika werden bestraft werden!“ So steht es im Gesetz. Der Vatikan wird bombardiert und mit Feuer und Schwert zerstört werden, bald wird er seine schrecklichen Schulden bezahlen. Spanien wird sich verändern, ganz Europa wird sich vollständig sowjetisieren. Der amerikanische Kontinent wird eine große Vereinigung während des Zeichens des Wassermannes bilden. Es wird auf dem Land, auf dem Meer und in der Luft gekämpft, sogar an den Polen; der Orient wird gewinnen. Im Jahre 2018 werden sogar die Glühbirnen atomar sein.

Die Einfältigen glauben, dass sie, indem sie die Schulen vereinen, das neue Zeitalter einleiten, arme Menschen, das neue Zeitalter wird auf den rauchenden Ruinen dieser verdorbenen Zivilisation von Schlangen beginnen!

Im Jahre 2500 wird es in den großen Städten Landeplätzen für interplanetarische Raumschiffe geben. Am 4. Februar 1962, zwischen 2 und 3 Uhr nachmittags, wird das Zeitalter des Wassermannes beginnen.

Es gab eine große Versammlung von Meistern in den höheren Welten, um die Angelegenheit der interplanetarischen Raumschiffe zu behandeln, es war die Frage, ob es angemessen sei oder nicht, der Menschheit die interplanetarischen Raumschiffe zu geben. Jeder Meister äußerte seine Meinung. Man fürchtete, dass die Menschen der Erde zu anderen Planeten des

Sonnensystems reisen würden, um dort dieselben Verbrechen und Bosheiten zu begehen, die sie hier schon während ihrer historischen Eroberungen begangen haben; es reicht, sich an die Verbrechen von Hernan Cortes in Mexiko oder die von Pizarro in Peru zu erinnern, um zu verstehen, was es bedeutet, der Menschheit die interplanetarischen Raumschiffe auszuhändigen.

Der Letzte, der seine Meinung als Eingeweihter des neuen Zeitalters gab, war euer demütiger Diener, der dieses Buch schreibt. Wir mussten eine vergleichende Studie über die Menschheiten machen: die Bewohner der Erde sind gescheitert; die Bewohner der Venus sind viel weiter entwickelt, sie unterscheiden schon das Böse vom Guten und das Gute vom Bösen; die des Mars sind etwas weiter evolutioniert, als die der Erde, usw.

Euer Diener, der voller Schmerz war und die schreckliche Verantwortung des Wortes verstand, sagte nur: „Mein Vater, wenn es möglich ist, lasse diesen Kelch an mir vorübergehen, aber es soll nicht mein Wille, sondern deiner geschehen."

Mein Ich-Bin sagte dann: „Stellt die Verbindung zwischen den Welten her."

Jede weiterentwickelte Menschheit besitzt diese Schiffe, diese fliegenden Sphären werden den Erdenbewohnern ausgehändigt. Einige Wissenschaftler versuchen, diese Raumschiffe zu bauen, aber sie werden es nicht können, und ihr Stolz wird tödlich verletzt werden, Bewohner anderer Welten werden kommen und ihnen zeigen, wie man sie baut, und die Wissenschaft der Gottlosen wird tödlich verletzt werden; die Menschen der Wissenschaft werden vor den anderen Bewohnern des Solarsystems niederknien müssen.

Die Wissenschaftler dieses Jahrhunderts starten Satelliten, mit dem Vorwand, den Weltraum zu erobern, aber in Wirklichkeit wollen sie Basen errichten, um wehrlose Völker und Nationen zu bombardieren. Im Zeitalter des Wassermannes werden sich viele Bewohner anderer Planeten auf der Erde niederlassen, sie werden die Lehrer des Wassermannzeitalters sein, einige leben bereits versteckt in Tibet. Die Reisen zu anderen Planeten des Solarsystems werden zur Routine werden, das ist eine besondere Hilfe, die unserer Evolution gegeben wird. Der Missbrauch der Nuklearenergie erweckt die Vulkane und dann wird es am Ende der siebten Unterrasse der heutigen arischen Rasse große Erdbeben und Seebeben geben, die die Erdkruste vollständig verändern werden; die arische Rasse wird in diesen Katastrophen umkommen.

Aber später wird die sechste Rasse auf dem Kontinent der Antarktis erblühen und sie wird vom Körperbau her kleiner sein, aber ihre Seele wird größer sein, ihre zwölf Sinne werden entwickelt sein. Der Avatar dieser Rasse wird Zachariel, der Herrscher des Jupiter sein, der einen Körper annehmen wird, um die sechste Wahrheit zu lehren.

Ich, Samael, der demütige Diener der neuen Ära, habe euch nur die fünfte Wahrheit gelehrt. Hört, Menschen! Die fünfte Wahrheit ist die Sexualmagie.

Gabriel war der Avatar der ersten Rasse, Raphael war der der Zweiten, Uriel war der der Dritten, Michael war der der Vierten, und ich, Samael Aun Weor, bin der Avatar der heutigen fünften Rasse.; Zachariel wird der der Sechsten und Orifiel wird der der Siebenten sein.

Es gibt sieben Wahrheiten:

1. Erkenntnis des Leids und des Elends dieser Welt.
2. Erkenntnis der menschlichen Zerbrechlichkeit.
3. Erkenntnis des Verlangens und der Sünde.
4. Erkenntnis des menschlichen Verstandes.
5. Der Baum der Erkenntnis.
6. Das menschliche Bewusstsein.
7. Der Baum des Lebens.

Es gibt sieben Avatare und sieben Wahrheiten, jeder Einzelne lehrt eine schreckliche Wahrheit. Jesus der Christus ist kein Avatar, er ist mehr als alle, er ist der Retter der Welt, der Leiter aller Seelen. Er bestätigt die Lehren der Avatare und erweitert sie.

Er wird beim Zenit des Wassermannzeitalters kommen und die Wahrheiten bestätigen, die Samael euch gegeben hat, und dasselbe geschieht bei den restlichen Rassen. Dann wird das Reich Gottes vollendet werden, so wie Er es seinen Dienern, den Propheten, angekündigt hat.

Jede Rasse endet mit einer Katastrophe. Der Zugang zum Abgrund ist jetzt offen, der Rauch, der daraus hervorkommt, bringt Kriege, Hunger und Elend. Während des ganzen 20. Jahrhunderts und einem Teil des 21. wird es todbringende Kriege geben; jetzt gehen die Seelen, die das Zeichen der Bestie auf den Händen und auf der Stirn haben, in den Abgrund.

Jeder der Sieben hat seine Posaune für die große Katastrophe gespielt, weh denen, die die fünfte Wahrheit, den Baum der Erkenntnis, nicht akzeptieren wollen! Lest die Kapitel VIII, IX und X der Offenbarung.

Alle Länder werden verwüstet und zerstört werden, die große Babylon wird im Abgrund versinken.

Weihung von Talismanen und Heiligtümern

Man kann Kreuze, heilige Gegenstände und Räume für Heiligtümer weihen.

Die Gegenstände werden auf den Tisch gelegt, der als Altar dient, und es werden darauf drei Kerzen gestellt.

Man beginnt, indem man voller Glauben die Beschwörung der Sieben spricht:

Im Namen Michaels, dass Jehova dir befehle und dich von hier entferne, Chavajoth!

Im Namen Gabriels, dass Adonai dir befehle und dich von hier entferne, Bael!

Im Namen Rafaels verschwinde vor Elial, Samgabiel!

Bei Samael Sabaoth und im Namen Elohim Gibors, entferne dich Andrameleck!

Bei Zachariel und Sachel-Meleck, gehorche vor Elvah, Sanagabril!

Im göttlichen und menschlichen Namen Schadais und bei dem Zeichen des Pentagramms, das ich in der rechten Hand habe, im Namen des Engels Anael, durch die Macht Adam und Evas, die Jotchavah sind, weiche zurück Lilith; lasse uns in Frieden, Nahemah!

Bei den Heiligen Elohim und im Namen der Genien Cashiel, Shaltiel, Aphiel und Zarahiel unter dem Befehl Orifiels; weiche zurück Moloch!

Wir werden dir nicht unsere Kinder geben, dass du sie verschlingst.

Amen. Amen. Amen.

Danach werden die gewünschten Gegenstände oder der Ort geweiht.

Man gießt Wasser über den Gegenstand und mit Glauben spricht man: *In nomine Elohim et per spiritum aquarum viventum, sis mihi, in signum lucis et sacramentum voluntatis.*

Man räuchert den Gegenstand mit Weihrauch ein und spricht: *Per serpentem oeneum sub quo cadut serpentes ignis, sis mihi.* Dann bläst man sieben Mal auf den Gegenstand, den man weihen will und spricht: *Per firmamentum et spiritum vocis, sis mihi.*

Dann streut man Salz oder Erde im Dreieck und spricht: *In sale terrae et per virtutem vitae eternae, sis mihi.*

Schließlich segnet man das geweihte Objekt, das sich in einen starken Speicher von göttlichen, kosmischen Kräften verwandelt.

Diese Gegenstände sind Talismane des Lichtes, die Licht, Kraft, Macht und Herrlichkeit ausstrahlen. In der Astralebene erhalten wir heilige Juwelen, die wir herstellen und weihen müssen, um sie zu benutzen.

Anrufung des Salomon

Mächte des Königreiches, seiet unter meinem linken Fuß und in meiner rechten Hand.

Herrlichkeit und Ewigkeit berühret meine Schultern und führet mich auf den Pfad des Sieges.

Barmherzigkeit und Gerechtigkeit, seiet ihr das Gleichgewicht und der Glanz meines Lebens.

Verständnis und Weisheit, gebt mir die Krone.

Geister von Malkuth, geleitet mich zwischen die zwei Säulen, die das ganze Gebäude des Tempels stützen.

Engel von Netzach und Hod, gebt mir Kraft auf dem kubischen Stein von Yesod.

O Gedulahel! O Geburahel! O Tiphereth!

Binahel, sei du meine Liebe!

Ruach Hochmahel, sei du mein Licht!

Sei, was Du bist, und was dein Wille ist zu sein, o Kiteriel!

Ischim, steht mir bei im Namen von Shadai!

Cherubim, seid meine Kraft im Namen von Adonai.

Beni Elohim, seid meine Brüder im Namen des Sohnes, des Christus, und bei der Macht von Sabaoth.

Elohim, kämpft für mich im Namen von Tetragrammaton.

Malachim, beschützt mich im Namen von Iod-He-Vau-He.

Seraphim, reinigt meine Liebe im Namen von Eloah.

Hasmalim, erleuchtet mich mit dem Glanz von Elohim und Shechinah.

Aralim, handelt ihr;

Ophanim, dreht euch und strahlt.

Hajoth-Ha-Kadosh, schreit, sprecht, brüllt und stöhnt;

Kadosch, Kadosch, Kadosch, Shadai, Adonai, Iot Chavah, Eieazereie!

Hallelu-jah! Hallelu-jah! Hallelu-jah!

Amen. Amen. Amen.

Diese Anrufung wird vor den Ritualen oder in Gedanken beim Einschlafen gesprochen und so transportieren wir uns während des Schlafes auf die höchsten Ebenen des kosmischen Bewusstseins, so können wir von den höchsten göttlichen Hierarchien Hilfe erbitten. Das ist besser als die spiritistischen medialen Anrufungen. Die Medien werden verrückt, unausgeglichen, sie besuchen Begräbnisse, getäuscht von den Finsteren, von denen sie besessen sind und die sich als Heilige, Genien, usw. ausgeben.

Zeremonien der hohen Magie

Bevor man mit den Zeremonien der hohen Magie beginnt, werden die vier Elemente beschworen.

Beschwörung der Luft

Man beschwört die Luft, indem man in die vier Windrichtungen bläst und dann mit Glauben Folgendes spricht: *Spiritus Dei ferebatur super aquas, et inspiravit in faciem hominis spiraculum vitae. Sit Michael dux meus, et Sabtabiel servus meus, in luce et per lucem. Fiat verbum halitus meus; et imperabo Spiritibus aeris hujus, et refrenabo equos solis volontate cordis mei et cogitatione mentis meae et nutu oculi dextri. Exorciso igitur te, creatura aeris, per pentagrammaton, et in nomine tetragrammaton in quibus sunt voluntas firma et fides recta. Amen. Sela Fiat. So sei es.* (übernommen von Eliphas Levi).

Gehorcht mir, Sylphen, im Namen Christi, im Namen Christi, im Namen Christi.

Betet mit dem Gesicht nach Osten und mit einer Adlerfeder in der Hand.

Beschwörung des Wassers

Man befehligt die Geschöpfe des Wassers mit dem Gesicht nach Westen und mit einem Glas Wasser in der Hand, spricht man: *Fiat firmamentum in medio aquarum et separet aquas ab aquis, quae superius sicut quae inferius, et quae inferius sicut quae superius, ad perpetranda miracula rei unius. Sol ejus pater est, luna mater et ventus hunc gestavit in utero suo, ascendit a terra ad coelum et rursus a coeluo in terram descendit. Exorciso te, creatura aquae ut sis mihi speculum Dei vivi in operibus et fons vitae, et ablutio peccatorum. Amen. Amen. Amen.* (von Eliphas Levi)

Beschwörung der Erde

Die Gnome werden mit dem Stab und dem Gesicht nach Norden folgendermaßen beschworen: *Bei der magnetischen Nadel, die das Herz der Welt durchbohrt, bei den zwölf Steinen der heiligen Stadt, bei den sieben Metallen, die in den Venen der*

Erde fließen und im Namen von Gob, gehorcht mir, unterirdische Arbeiter, im Namen Christi, beim Blut Christi, bei der Liebe Christi. Amen. Amen. Amen.

(Dann konzentriert sich der Gläubige auf Gob und formuliert seine Bitte.)

Beschwörung des Feuers

Die Elementargeister des Feuers werden mit dem Schwert befehligt. Man beschwört das Feuer, indem man Salz, Weihrauch, weißes Harz, Kampfer und Schwefel hinein streut und dreimal die drei Namen der Genien des Feuers ausspricht. Mit dem Gesicht nach Süden spricht man: *Michael, König der Sonne und des Blitzes; Samael, König der Vulkane; Anael, Fürst des Astrallichtes, steht uns bei im Namen Christi, beim Christus, beim Christus. Amen. Amen. Amen.*

Geheimnis, um sich unsichtbar zu machen

Wenn ein geliebter Mensch stirbt, seid nicht betrübt, verwandelt diese Energien des Schmerzes in Wellen des Friedens, der Freude und des Glücks, verwandelt die Trauer in die Kraft, um euch willentlich unsichtbar zu machen, wann immer ihr wollt. *Verändert die Natur und ihr werdet finden, was ihr sucht.*

Alle Macht wird mit der Wissenschaft der Umwandlung erreicht; Jesus besaß diese Macht. „Der Tod ist die Krone von allen.“

Wir dürfen die Seelen die desinkarnieren nicht mit Trauer und Weinen betrüben, beten wir für die Toten, indem wir ihnen Freude und Frieden schenken.

Pflanzenmagie

Um sich gegen die schwarzen Magier zu verteidigen, muss man folgendermaßen vorgehen: Zieht einen Kreis auf dem Boden um einen Zitronenbaum. Macht ein Loch mit Wasser in der Nähe des Baumes und steckt 9 Stöckchen in Dreiergruppen hinein. Entzündet ein Feuer und ruft den Elementargeist an, der euch dient, jeder Baum hat seine Seele und dieser besitzt schreckliche Macht.

Blickt fest auf eine Zitrone des Baumes, pflückt sie und werft sie ins Feuer, wenn sie platzt und einen Knall erzeugt, ist das, weil die schwarzen Magier gerade arbeiten. Befehlt dem Elementargeist, dass er euch verteidigt, und werft 9 Zitronen nacheinander ins Feuer, die ihr in Dreiergruppen pflückt; jede ins Feuer gefallene Zitrone wird in der Astralebene wie eine Bombe explodieren und die Arbeiten der schwarzen Magier zerstören.

Der Elementargeist wird den Baum verlassen, die Gestalt eines Hundes annehmen und die Finsteren angreifen.

Anrufungen

Wenn wir irgendein persönliches Problem lösen wollen, müssen wir Anubis, den großen Meister des Karma und seine 42 Richter des Gesetzes anrufen.

Das geschieht folgendermaßen: Man spricht die Beschwörungen des Feuers, der Luft, des Wassers und der Erde und ruft Anubis an: „Im Namen Christi, im Namen Christi, im Namen Christi rufen wir dich, Anubis, Anubis, Anubis. Amen."

Die Teilnehmer gehen einer nach dem anderen am Altar vorbei, wo sie in Gedanken mit Anubis sprechen und ihn um das bitten, was sie wollen.

Die Richter des Karma werden alle unsere Bitten erfüllen, in Einklang mit dem Gesetz, sie können die Gesetze nicht brechen; wenn man uns die Bitte nicht gewährt, dürfen wir nicht protestieren, denn das geschieht, weil wir es nicht verdient haben; wir müssen uns dem Urteil beugen.

Um Kranke zu heilen, ruft man Rafael, Paracelsus, Äskulap, usw. an; die Kranken gehen am Altar vorbei.

Wir können auch mit den sieben planetarischen Genien arbeiten, jeder von ihnen ist Spezialist auf seinem Gebiet: Gabriel steht mit der Zeugung in Verbindung; Raphael mit der Medizin und Uriel mit der Liebe, der Familie, den Kindern, usw.; Michael steht mit den hohen Würdenträgern in Verbindung, Samael mit der Kraft, Zachariel mit den Autoritäten und Orifiel mit der Erde, dem Bergbau, usw.

Ihr könnt sie anrufen, indem ihr dreimal ihre Namen sprecht, zum Beispiel: „Im Namen Christi, im Namen Christi, im Namen Christi, rufen wir dich glorreichen (Name des Angerufenen) für (hier macht man die Bitte).“

So arbeitet man in der zeremoniellen weißen Magie. Die heiligen Wesen helfen uns in Einklang mit dem Gesetz, sie brechen es nicht. Wir dürfen die mentale Kraft nicht benutzen, um andere zu etwas zu zwingen, denn das ist schwarze Magie; beachten wir das Gesetz!

Exorzismen

Die Exorzismen müssen auswendig gelernt werden, denn sie können gebraucht werden, um einem Kranken zu Trinken zu geben, mit dem Wasser Prophezeiungen zu machen, ein Unwetter abzuwenden, die Sylphen des Raumes zu beschwören, einen Brand zu stoppen, oder die Salamander, die Gnome, usw. zu befehligen. Der gesunde Menschenverstand zeigt uns, wann wir dieses Wissen einsetzen sollen; ihr müsst die Hellsichtigkeit entwickeln, um das zu erkennen.

Die Beschwörung der Sieben dient dazu, die Dämonen der Besessenen zu beschwören und uns vor den Finsteren zu schützen.

Sexuelles Problem der Alleinstehenden

Das Pranayama ist ein System der sexuellen Umwandlung für Alleinstehende beider Geschlechter. Wir wissen bereits, dass aus den Hoden des Mannes und den Eierstöcken der Frau zwei Nervenstränge entspringen, die sich in der Form einer Acht um die Wirbelsäule winden bis zum Gehirn; das sind die zwei Zeugen der Offenbarung, die zwei Oliven, von denen Zacharias spricht, die zwei Kerzenleuchter, die vor dem Gott der Erde stehen. Diese Nerven, die innen hohl sind, sind feine Kanäle, durch die die sexuellen Energien bis zum Gehirn aufsteigen.

Der Schüler atmet die Luft durch das linke Nasenloch ein und atmet durch das Rechte aus, und umgekehrt. Mit dem Daumen und Zeigefinger kontrolliert er die Nasenlöcher abwechselnd.

Beim Einatmen durch das rechte Nasenloch stellen wir uns intensiv die solaren, strahlenden und erhabenen Atome vor, die durch den linken Nervenstrang bis zum Gehirn aufsteigen, dann halten wir den Atem an und bringen die Atome der Reihe nach an die Stelle zwischen den Augenbrauen, zum Hals und Herzen; wir atmen aus, während wir diese Energie mit Vorstellung und Willenskraft im Herzen fixieren.

Beim Einatmen durch das rechte Nasenloch stellen wir uns die lunaren Atome wie reines Lebenswasser vor, das durch den rechten Kanal aufsteigt und denselben Weg nimmt, bis wir es im Herzen fixieren, dann atmen wir mit tiefem Glauben aus.

Auf diese Weise können die Alleinstehenden ihre sexuellen Energien umwandeln.

Die Alleinstehenden müssen sich eine Ehefrau suchen, wenn sie sich christifizieren wollen. Der gnostische Esoteriker wird nur sexuellen Kontakt haben, wenn er heiratet.

Ohne die Sexualmagie kann man die Feuer nicht erwecken, ohne die Keuschheit erreicht man nichts bei diesen Studien.

Tötet das Verlangen, das Ich, eure Gedanken, und ihr seid frei.

Die wahre Ehe hat nichts mit den sozialen oder religiösen Regeln dieser barbarischen Menschheit zu tun, die wahre Ehe ist die Vereinigung eines Paares im Geist, in der Seele und in der Sexualität; die wahre Ehe muss rein sein, wie die Lotusblume.

Esoterische Vokalisation für die Alleinstehenden

Der Vokal I erweckt das Stirnchakra und macht uns hellsichtig.

Der Vokal E erweckt das Schilddrüsenchakra und macht uns hellhörig.

Der Vokal O erweckt das Herzchakra und macht uns intuitiv.

Der Vokal U erweckt den Solarplexus und macht uns telepathisch.

Der Vokal A erweckt die Lungenchakras, um sich an vergangene Inkarnationen zu erinnern.

Die genannten Vokale werden ausgesprochen, indem man jeden Ton verlängert und die Vokalisation mental mit dem Pranayama verbindet.

Man kann die Vokale in folgender Reihenfolge aussprechen:

IIIIIIIIIIIIIIIIIIIIIII..........................

EEEEEEEEEEEEEEE......................

OOOOOOOOOOOOO......................

UUUUUUUUUUUUU......................

AAAAAAAAAAAAA.......................

Man imitiert mental das Geräusch der Luft, des Sturms, der Brise; jeder Buchstabe sollte getrennt vokalisiert werden.

Mit diesen Studien und Übungen kann der Mensch die Stufe eines Christus erreichen und die Frau erreicht die Stufe einer Jungfrau. Litelantes, die Jungfrau des Gesetzes ist mächtig.

Die elftausend Jungfrauen der Inka, welche göttlich und unaussprechlich sind, die Jungfrau des Meeres, welche Maria, die Mutter Jesus war, die Unbefleckte, welche die unbefleckte Empfängnis leitet, die Jungfrau der Sterne, usw. sind verschiedene Frauen, die die Vollkommenheit, das Nirvana erreicht haben.

Wenn eine Jungfrau ihr Ich-Bin inkarnieren will, muss sie dem Nirvana entsagen und mit einem männlichen Körper inkarnieren. Die Jungfrau des Meeres hat den Körper eines Mannes in Ägypten angenommen, um sich auf die Stufe des Christus zu erheben.

Wir haben dieses Buch fertiggestellt. Leider können wir diejenigen, die für die Gnosis vorbereitet sind, an den Fingern abzählen, wir haben nur zwei Personen kennengelernt, die dafür vorbereitet sind: einen Indianer und die Meisterin Litelantes.

Wer Wissen will, muss den großen Zerstörer der Wirklichkeit töten: den Verstand.

Letzte Anweisung

Die Gnostiker sollten sich untereinander mit dem Mantram „Inverentialer Frieden" grüßen; sie sollten sich mit dem Zeichen, mit dem Jesus Christus dargestellt wird, erkennen: Daumen, Zeigefinger und Mittelfinger der rechten Hand ausgestreckt, und sie sollten sich mit den Worten Herr, Frau, etc. ansprechen; der Gebrauch des Wortes „Bruder" ist verboten, weil dies zum Missbrauch, zum Verlust des gegenseitigen Respektes, zur Unordnung, zur Unzucht, zum Ehebruch, Diebstahl, usw. geführt hat; die Menschheit ist nicht darauf vorbereitet, dieses edle Wort zu benutzen.

Erhalten wir den gegenseitigen Respekt, den Anstand und die Ritterlichkeit.